中國歷史之旅

明朝風雲

宋詒瑞 著

新雅文化事業有限公司
www.sunya.com.hk

目　錄

導讀

　　朱元璋驅逐蒙古人，重建漢人政權，明朝從公元1368年至1644年，歷時276年，是唐朝之後又一偉大的朝代。

　　明太祖廢丞相，設立六部，由皇帝直接控制，實行君主專制。明朝前期採取休養生息的政策，興修水利，獎勵生產，使國強民富。在科學文化方面，出現了名醫李時珍、科學家徐光啟、地理學家徐霞客等；文學方面，施耐庵的《水滸傳》、羅貫中的《三國演義》、吳承恩的《西遊記》代表了明代章回小說的最高水平；鄭和七次下西洋，促進了中國與亞非各國的經濟文化交流和友好往來。明朝還出現了幾位抵禦外來侵略的民族英雄：于謙、戚繼光、鄭成功。可惜後期幾代皇帝昏庸無能，造成宦官專權、土地高度集中，令百姓負擔沉重，外加連年災荒，民不聊生，於是陝北爆發農民大起義，推翻了王朝。

　　新雅文化事業有限公司於1997年第一次出版《中國歷史之旅》系列，簡明有趣的說故事手法，一直深受小讀者的喜愛。如今重新出版，除有精美的彩色插圖，還加入了「思考角」和「知多一點」兩大內容，跟小讀者分享對中國歷史故事的看法和觀點，還有延伸知識、談談一些典故的出處和古今意味等，希望小讀者們能以自己獨特的角度，細味中國歷史，論人論事。

1. 和尚當皇帝

元朝末期，順帝只顧享樂，不理政事，奸臣當道，壓榨百姓，各地農民紛紛揭竿起義，天下大亂，元朝統治岌岌可危。

繼劉福通在潁州率領治河民工起義，創立紅巾軍後，**濠州**①的郭子興也聯合了自己的江湖朋友，搜羅了一批人馬起兵濠州。他的勢力越來越大，成為抗元紅巾軍的一支主力軍。

那天，濠州城頭**旌旗**②飄揚，刀槍林立。頭包紅巾的士兵把守着雄偉城門的兩邊，另有巡邏兵騎着馬來回走動，好不威嚴！這時一個身穿袈裟的和尚大搖大擺來到城門口的吊橋邊，守兵馬上喝住他：「站住，你是幹什麼的？」

那和尚毫無懼色，從容答道：「我來找郭大帥，跟他當兵！」

小知識

①**濠州**：今安徽省鳳陽縣。

②**旌旗**：古代的一種旗子，旗桿頂上用五彩羽毛作裝飾。

守兵懷疑他是元朝派來的奸細，便把他綑綁起來送到郭子興那裏。

　　這個投奔紅巾軍的年輕和尚，就是日後統一南北中國，建立明朝的開國皇帝朱元璋。

　　當時他不叫朱元璋，而有一個特別的名字——朱重八，因為他是農曆八月初八出生的。朱重八是濠州人，家境貧困，十歲時父母及哥姐相繼得了疫病去世，他成了個孤兒，舉目無親，孤苦伶仃，曾經給地主放過牛。小小年紀的朱重八天資聰明，而且膽大勇為。後來因為他帶頭偷宰了地主的一頭小牛犢與放牛娃們分了吃，被地主趕出了門。

　　朱重八斷了生路，只得到皇覺寺去出家當了和尚。不久，安徽省發生旱災，寺院也斷了糧，和尚們只好分頭出去當**遊方僧**①。朱重八在外地整整度過了三年，沿門化緣，倒也了解了許多地方的風土人情，山川地理，累積了不少實踐經驗。當他回到皇覺寺時，寺院已被元兵燒毀。新仇加舊恨，逼他走上抗元的道路，他決計投奔當地郭子興的紅巾軍。

　　郭子興見這小和尚雖然衣衫襤褸，卻是身材魁梧、虎虎有生氣，外加口齒伶俐、頭腦清晰，很是喜歡

他，便立刻留他在身邊作親兵。朱重八武藝高強、作戰勇敢，辦事又精明能幹，曾幾次於危難中救出郭子興。郭子興非常賞識他，就把自己的養女馬姑娘許配給他，又為他改名為「元璋」。皇覺寺的小和尚成了郭元帥的女婿，地位大不相同了。起義軍裏，人們都稱他為「朱公子」。

朱元璋見濠州紅巾軍中另外幾位元帥目光短淺，胸襟狹窄，時時相互傾軋排擠，心想在他們手下做不了什麼大事業，便回到老家去發展。他少年時的伙伴徐達、湯和、李善長等紛紛來投奔他，不到十天就招募了七百人，郭子興十分高興，升他做了**鎮撫官**②。後來朱元璋帶領人馬擊敗了一支元軍，招降了一批民軍。他經過挑選，編組了一支兩萬人的部隊，整頓紀律，嚴加訓練，成為戰鬥力很強的隊伍。

小知識

①**遊方僧：**披着袈裟的和尚，手拿木魚木鉢，雲遊四方，沿門化緣，要求人們布施財物。

②**鎮撫官：**明朝沿襲元朝制度設立的鎮撫司官員，負責偵緝刑事。後來朱元璋正式設立南北兩鎮撫司，專以鎮壓貪官污吏，可以自行逮捕、審訊、行刑、處決，不必通過司法機構。

一次，朱元璋問他的謀士李善長：「現在天下這麼亂，什麼時候才能太平呢？」

李善長是個很有學識、很有計謀的人，他說：「秦末的情況和現在差不多。漢高祖劉邦也是平民出身，他善用人才，只花了五年就統一天下。您何不學習漢高祖呢？」朱元璋覺得有理，他就廣招賢士、羅致人才，許多著名文人見朱元璋很有魄力，都來投奔他。一時手下大將如雲，俊才薈集，使朱元璋軍威大震。七年內他連續攻克滁州，和州、采石磯、**集慶路**①、揚州、

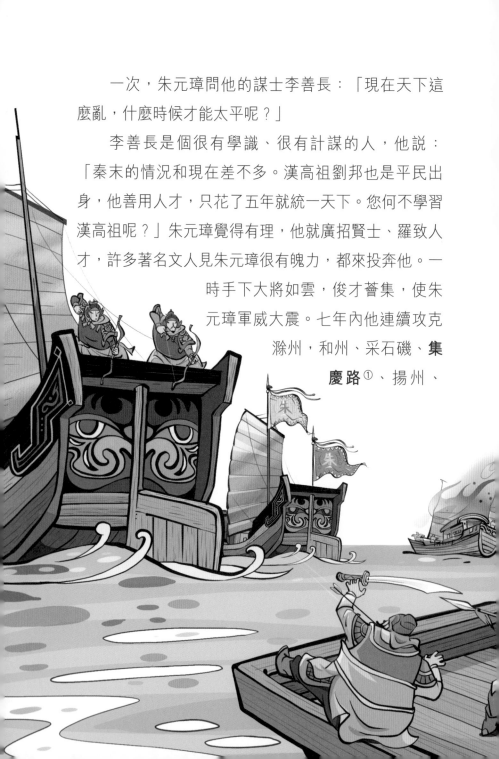

婺州等地，即今日安徽、江蘇、浙江一帶。其間郭子興病死，朱元璋成了這支紅巾軍的首領，實力日益增強。

公元1356年秋，朱元璋以應天府為中心，開始了統一天下的歷程。當時的形勢亂極了。北方以劉福通為首的紅巾軍在對抗元軍，但是紅巾軍內部也出現矛盾，互相殘殺；元朝統治者內部也在爭權奪利，火併不斷；在南方，幾支紅巾軍與非紅巾軍隊伍都各據一方，在進行兼併戰爭。

小知識
①**集慶路**：即今江蘇省南京市，朱元璋攻佔此地後改稱為應天府。

公元1363年秋，佔有江西湖廣地席的紅巾軍陳友諒率六十萬大軍進攻駐於南昌市的朱元璋部隊，朱元璋親自帶領二十萬大軍前往救援。兩軍在鄱陽湖展開了三十六天的決戰，朱元璋用火攻法大焚陳軍，陳友諒中箭而死，全軍瓦解。

朱元璋便乘勝先後消滅了張士誠、方國珍兩股割據勢力，平定了南方，奠定了完成帝業的基礎。

此後，朱元璋依靠江南雄厚的財力，倚仗訓練有素的軍隊開始了北伐。雄才大略的他命令徐達以二十五萬大軍分兵三路，先取山東、河南，後打秦隴，最後會師直搗大都，推翻元朝統治。元順帝率領后妃、太子北逃，元朝結束。

公元1368年，朱元璋在羣臣簇擁下於應天城裏登上了皇帝寶座，國號明，是為明太祖。

和尚當了皇帝，這是中國歷史上的一段軼事。

2. 太祖嚴懲貪官

我們都知道漢語的數目字有小寫和大寫兩種，小寫是「一二三四五六七八九十」，大寫則是「壹貳叁肆伍陸柒捌玖拾」。為什麼要有那筆畫繁多的一套大寫數字呢？原來，在明朝以前，漢字的數目字只有小寫一種，大寫數字的產生是明太祖嚴防官吏貪污時採取的一種措施呢！

明太祖出身平民，年輕時曾流浪四鄉，親眼見到各地官吏貪贓枉法、欺壓百姓，以致「官逼民反」。所以他痛恨那些貪官污吏，他說：「元朝因為縱容貪官，所以丟了江山。如今我得了天下，若不用嚴刑峻法，便不能消除積弊！」

何況明朝建國初期，因為連年戰爭，國家十分貧困。明太祖常對手下說，要減輕農民負擔，讓農民休養生息，過幾年好日子，以恢復農業生產，富國強民。「國家剛剛建立，好比小鳥不可拔羽，小樹不可搖根。」但是很多官吏把太祖的話當耳邊風，為了私利而貪污受賄，違法亂紀。明太祖心裏很着急，考慮如何對付。

為了鞏固自己的統治，明太祖制定了一些嚴懲貪官污吏的條例：規定官吏凡貪贓八十**貫**①錢，便絞死示眾，並要剝下他的皮，做成**皮革囊**②，掛在當地衙門大堂上，以儆傚尤。他讓各府、州、縣和衛所在衙門的左邊修一座小廟，裏面供土地神。土地廟為什麼要造在衙門邊呢？原來這些小廟就是懲治貪官的地方，官吏們犯了法就要被押到這些廟裏扒皮，所以當時人們把這些小廟叫做「皮場廟」。這種懲罰的手段的確有些殘酷，但也說明了朱元璋對貪官們的憤恨心情。

明太祖還頒布了一道命令，允許**鄉亭老人**③有參議政事的權利。如果地方官吏欺壓百姓及違法亂紀，便由這位有威望的老人到衙門去當面規勸，三勸不聽，就可到京城告御狀，朝廷就會派人去捉拿貪官來審訊。

公元1371年，明太祖派人對所有的官吏進行了考查，一次就殺了貪贓枉法的官吏一萬多人，其中很多是收錢糧官員，因為他們把持着各級衙門直接勒索鄉民。可是這麼多官員被處死了，誰來替國家收稅呢？

明太祖又想了個辦法，他規定每賦稅一萬石的區域為一個單位，選其中地最多的為糧長，由糧長負責徵收該區的稅上交國庫，如此避免地方官員直接收稅。

最初幾年效果不錯，但沒過多久又出了問題。因為那些糧長都是大地主，他們和地方官互相勾結，把自己的田產假託在別人名下逃避交稅，並以徵稅為名巧立名目盤剝百姓，甚至謊報災情中飽私囊。明太祖知道後十分生氣，一次就殺了一百六十名糧長。

雖然明太祖如此嚴懲貪官污吏，但是貪污勾結的事仍是堵不住。公元1385年發生了一件震動全國的郭恒案。

郭恒本是**戶部尚書**④，被人指責有貪污的嫌疑後降為**戶部侍郎**⑤，但他繼續營私舞弊。有一年收購浙江的秋糧時，他與地方官勾結，少上交國庫二百萬石糧食，幾個人私下分了，還私分了稅錢五十萬貫及十萬畝官

小知識

①**貫**：舊的制錢，用繩子串上，每一千個叫一貫，約折合白銀一兩。

②**皮革囊**：剝下人皮，塞滿草，做成人形的袋子。

③**鄉亭老人**：負責水利興修、風俗教化以及民事糾紛的人，一般由享有威望的上了年紀的人擔任。

④**戶部尚書**：主管戶部的官，掌管全國土地、戶籍、賦稅、財政收支等事務，相當於部長。

⑤**戶部侍郎**：戶部的副一級官，相當於副部長。

田的夏稅秋糧。這些案子沒有暴露，郭恒的膽子就越來越大了，竟把軍用糧倉裏三年的儲備糧盜賣了！當時全國共有十三個**布政使司**①，他竟和十二個布政使司的官員合伙盜賣倉庫裏的糧食和金銀。郭恒的貪污總數高達二千四百多萬石糧食，相當於全國秋糧總數。

這件案子使明太祖大為震驚。他派人進行了嚴密的調查，發現牽涉在內的包括國家**六部**②的大大小小許多官員。他認為不除掉這些國家的吸血蟲，就不能富強，於是他狠心下令「殺」！總共殺了幾萬人。明太祖還注意到許多官吏是通過塗改賬目來進行不法行為，於是他下令把記載錢糧數目的一二三四五六七八九十百千，改為壹貳叁肆伍陸柒捌玖拾陌阡，防止奸吏塗改從中貪污。後來人們把「陌阡」寫作「佰仟」，這就是沿用至今的大寫數字的由來。

經過明太祖如此一番整頓，貪污的事少了，明朝的社會風氣有了好轉，產生了積極的效果。

小知識

①**布政使司**：相當於今天的省，最高行政長官是左、右布政使。

②**六部**：中央行政機構中六個部門的總稱，從隋唐開始，設有吏部、戶部、禮部、兵部、刑部、工部，六部，最高長官是尚書。

3. 足智多謀的劉伯温

朱元璋能夠統一天下當上皇帝，一個重要的原因是他善於用人，在他身邊有一批出色的文臣武將輔佐他，為創業立下了汗馬功勞。其中特別值得一提的是深得朱元璋尊敬和信任的文臣劉伯温。他是明朝的開國功臣，如同西漢初年的張良幫助劉邦那樣，足智多謀，為朱元璋出謀劃策，打下了天下。

劉伯温又名劉基，浙江**青田**①人。他從小就非常好學，博覽儒家經典、歷史著作和有關打仗的書籍。他尤其喜歡讀兵書，一冊在手可以讀得廢寢忘食。長大後他考中過元朝的進士，做過地方官，因為對元朝腐敗的政治不滿，寫了些諷刺文章，被解職回到老家隱居起來。朱元璋率軍打到浙東時，聽說劉伯温是個有本事的人，就請他出來當謀士。

小知識

①**青田**：位於浙江省東南部，甌江中下游（甌，粵音區）。唐代建縣，因盛產青芝而得名。青田石是中國四大名石，青田石雕已有六千多年歷史。

公元1360年五月，氣燄囂張的陳友諒揮軍東進，攻打朱元璋。當時朱元璋的兵力不足，一些將領主張放棄應天退守鍾山，有的甚至主張出城投降，只有劉伯溫站在一旁沉思不語。朱元璋就特地請他入內，徵詢他的意見。劉伯溫說：「兵家常說：將驕必敗。陳友諒自恃兵多，驕橫輕敵，現長驅直入，必已疲憊不堪。大敵壓境，逃跑不是良策，我們可誘敵深入，設下埋伏，等陳軍進入伏擊圈後全力出擊，敵軍必敗無疑。」朱元璋採用了他的戰術，果然把驕傲的陳友諒打得落荒而逃。

劉伯溫還為朱元璋分析形勢，指出主要對手是陳友諒，應集中力量消滅他，其他張士誠等就伸手可擒；然後可揮軍北上，平定中原。朱元璋正是這樣做才取得了天下。

劉伯溫不但謀略好，善於用兵，而且精通天文，能通過觀察天象預知天氣的陰晴變化，所以在一些民間傳說裏都把他當作一個能未卜先知的神人。

朱元璋還沒稱帝時，有一年江南發生了一場旱災，一連幾個月滴雨未降，眼看莊稼要枯死了，軍糧供應就沒保證。朱元璋非常着急，問劉伯溫如何能求上天下雨。

劉伯温心想：現在獄中關着很多犯人，我何不乘機進諫，勸他莫要濫殺無辜。於是劉伯温皺起了眉頭，裝得很為難的樣子説：「恕我直言，老天一直不下雨，是因為牢獄裏關押着一些被冤枉的人。只有洗清了他們的冤情，才會下大雨。」

朱元璋就派劉伯温去清查牢裏的犯人，果然查出不少冤案。他一一上報朱元璋，平反了冤案，把這些犯人都放了。果然不出幾天，烏雲密布，下了一場好幾天的透雨。其實是劉伯温早就觀察到大氣會有變化，借機來進諫朱元璋平反冤案。他趁朱元璋心情好的時候，又勸他制定法律，依法辦事，以免再錯殺無辜。

朱元璋當了皇帝後，封劉伯温為**御史中丞**①。劉伯温秉公辦事，從不講情面。有一次，丞相李善長的一個親信犯了法，劉伯温查清事實後奏明太祖，不顧李善長多次求情，立即把犯人正了法。李善長是明朝第一號開國元臣，又是明太祖的同鄉，是朝廷內淮西幫的頭目，劉伯温如此不給他面子，真把他惹怒了。從此李善長常

小知識
①**御史中丞**：負責監察的司，主管稽察文武大臣不法之事。

在太祖前數說劉伯溫的不是。

正巧這一年京城又遇大旱，劉伯溫又想乘機進諫，便對明太祖說：「很多陣亡將士的家屬還沒得到撫恤，一些因築城而死亡的工匠還暴屍郊野，沒得到埋葬。你如果辦好這些事，老天就會降雨了。」

明太祖一心求雨，就按他的要求迅速派人辦好這兩件事。但是這次劉伯溫的預測不準，過了十幾天還不下雨，明太祖不太高興，外加李善長在一旁說他的壞話，劉伯溫就藉口妻子病了需要有人照看而回到了青田老家。

時間一久，明太祖又想念劉伯溫了，就召他進宮賜給他財物，還要給他晉爵。劉伯溫知道這樣會招來是非，堅決謝絕了。一次，明太祖想撤換李善長的丞相職務，徵求劉伯溫的意見。劉伯溫說：「善長是老功臣，萬萬撤換不得！」

明太祖說：「他多次要害你，你為何還要替他說好話？我想讓你當丞相，你說好嗎？」

劉伯溫嚇得出了一身冷汗，連忙跪下說：「丞相好比是房屋的棟樑，一定要選用結實的大木。我只是根小小的木棍，不能當此重任。」

這些話傳到李善長耳朵裏，他非但不領情，反而認為劉伯溫在朝中早晚會對自己不利，就經常串通一些奸臣在明太祖耳邊煽風點火，說劉伯溫的壞話，太祖終於找了個藉口讓劉伯溫告老還鄉了。

劉伯溫回家後不問政事，也不與地方官員接觸。一次，一位新上任的青田知縣扮作農民去拜訪他。劉伯溫請客人進了客廳，泡上茶，攀談了起來。客人說：「實不相瞞，我是新上任的青田縣令，久仰先生大名，特地前來拜訪。」劉伯溫一聽趕忙起身說：「小民不知是縣君，失敬，失敬！」說完就退進內宅，再也沒出來。

劉伯溫雖然如此安份守己，但是李善長仍不放過他，多次在明太祖面前誣告劉伯溫，說他在老家想在有皇氣的地方造墓，有謀反之意。太祖心裏很不痛快，取消了劉伯溫的俸祿（薪水）。

晚年的劉伯溫見太祖對待大臣過分嚴屬，曾上奏章勸太祖辦事要寬和些，但是明太祖沒有聽取他的勸告，以致後期大殺功臣，成了個獨裁的君主。劉伯溫在六十五歲時得了病，不久便去世了，聽說是服了大臣胡惟庸送去的一包藥後不治而死的。明朝的開國功臣就落得如此下場！

未卜先知的劉伯溫

劉基，字伯溫（公元 1311-1375 年）是元末明初的軍事家、政治家和詩人，也是一位傳奇人物。他是南宋抗金名將的後人，自小飽讀經書，通經史、知天文、精兵法，這一點確可媲美諸葛亮。

傳說劉伯溫會占卜，能神機妙算，運籌帷幄。一次朱元璋親自帶兵在鄱陽湖與陳友諒決戰時，劉伯溫跟隨朱元璋在禦船上督戰。他觀察了敵情後忽然大叫起來，要朱元璋立刻轉移到別的船上去。朱元璋剛離開，這條禦船就被敵方炮火擊中了。

民間還流傳《燒餅歌》，最初記載在明朝的《永樂大典》，原名是《帝師問答歌》，內容是朱元璋與軍師劉伯溫之間的對話，也是中國古代著名的預言。據說有一天朱元璋在吃燒餅，劉伯溫求見，朱元璋就用一個碗把咬了一口的燒餅蓋了起來，要他猜碗下面的是什麼。劉伯溫掐指算了一下就說「半似日兮半似月，曾被金龍咬一缺，此食物也。」完全猜對了。朱元璋關心政權能否鞏固，問他朱家天下的氣勢怎麼樣。劉伯溫先要朱元璋答允無論他說了

什麼都「免死」，這才敢開口。於是君臣一問一答，劉伯溫從朱元璋掌權一直說到滿清王朝滅亡，之間的幾件大事如燕王篡位、土木之變、宦官亂政、清軍進關、康乾盛世等都說到，日後亦成為事實。當然這件事的真假不易確認，但民間普遍認為劉伯溫是一位先知先覺的神人，能「前知五百年、後知五百年」，並流傳着「三分天下諸葛亮，一統江山劉伯溫；前朝軍師諸葛亮，後朝軍師劉伯溫」的說法，把兩人相提並論。

劉伯溫在詩文方面也有極深造詣，是明初詩文三大家之一。後人稱他是「立德、立功、立言」三不朽偉人，在他故鄉有劉基廟、忠節公祠、劉基墓等古跡供瞻仰。

4. 沈富築南京城

　　江蘇省的省會南京市，其城牆雄偉巍峨，具有**虎踞龍蟠**①的雄姿。這座為歷代文人及遊客所稱頌的城牆，原來是朱元璋用激將法逼富戶沈萬三修築而成的呢！

　　那是在朱元璋攻佔了集慶路，把它改稱為應天府之後的事。朱元璋眼見統一天下的大業勝利在望，要着手為建立新皇朝作準備。他打算建都在應天府，這裏城高池深，地勢險要，是理想的首府地。

　　應天府的地理位置雖然很好，但南唐和宋元時沿用下來的舊城已殘舊不堪，以一個新朝代的首府面貌來說是很不像樣的。朱元璋一邊派人着手建造新宮殿，一邊尋思着要相應改造並擴建舊城牆，城牆要造得高大威嚴又堅牢，使首府**固若金湯**②、堅不可摧。

　　但是當時朱元璋的部隊尚在南征北戰，軍事開支浩大，沒有足夠的錢財來應付都城的擴建工程。怎麼辦？

　　這時，朱元璋想起了財主沈萬三。

　　沈萬三原名沈富，原籍浙江省，在老家時家境也不富裕。他父親見家鄉的日子不好過，便帶領全家遷到江蘇省的**淀山湖**③畔住了下來。他看準了這片長滿蘆葦

和荒草的低窪地大有發展前途，便用低價買了下來，領着家人割草墾荒，挖溝排水，圍湖造田，這裏的土質本來就肥沃，所以第一年的耕耘就得到豐收，此後日子一年比一年好，沈家就漸漸富裕了起來。

到了沈富這一代，不甘心於與土地打交道了。他見到中外貿易日益發展，一些人做海外貿易賺了不少錢，他也躍躍欲試，便向父親要了一筆錢作資本，從海外販來一批香料、珍珠、**瑪瑙**④等珍奇商品，轉賣給江南一帶的富豪，賺了一大筆錢。從此沈富就樂此不疲，

小知識

①**虎踞龍蟠**：虎踞，像老虎蹲着；龍蟠，也作龍盤，像一條龍盤着。特指南京的地勢，形容其險要。南京濱臨長江，東有巍峨鍾山，相傳諸葛亮到南京，他一見該地便歎曰：「鍾山龍盤，石頭虎踞，此帝王之宅。」

②**固若金湯**：金，指金城，金屬造的城牆；湯，指湯池，滾燙的護城河。形容城池非常堅固，攻不可克。

③**淀山湖**：在今上海市西部及江蘇省吳江縣和昆山縣之間，因湖東南有淀山而名，面積六十多平方公里，水產豐富。

④**瑪瑙**：一種礦物，成分主要是二氧化硅，有各種顏色，多呈層狀或環狀，質地堅硬耐磨，可作儀表軸承等，亦是貴重的裝飾品。

一面做海外貿易，一面經營高利貸，賺得盤滿缽滿，幾年之內就成了擁有幾百萬家產的江南富戶。當時人們把大財主叫做「萬戶」，沈富排行老三，所以都叫他沈萬三，時間一久，他的真名倒沒人記得了。

元朝末年時戰事頻起，兵荒馬亂，一些歹徒也乘機搶劫。沈富覺得住在鄉下不安全，就搬進了江南重鎮集慶城內。朱元璋攻佔集慶後，沈富見他是個有作為的人，以後可能會得天下，便和弟弟沈貴（沈萬四）一起主動捐了一萬石糧食和五千兩白銀給朱元璋作軍需，又替他建造了一批軍營。朱元璋當時正需錢糧，沈氏兄弟這一着無疑是雪中送炭，給朱元璋留下了好印象。所以此次要擴建應天府城，朱元璋就想找沈富來幫忙。

沈富也已聽聞了朱元璋的建城打算，知道他遲早會找到自己，還不如表示主動來討好他一下。所以還沒等朱元璋派人來找，他就去求見說：「小民聽聞大王要擴建應天城，願效犬馬之勞！」

朱元璋滿心喜歡，問：「你能築城多少丈？」

沈富答道：「願與大王對半築城。」

朱元璋一聽他出口狂妄得很，就說：「我看你能築全城牆的三分之一就不錯了，就從正陽門修到水西門

吧！城池是應天的屏障，關係重大，不可馬虎，完工後我要親自檢查工程質量。」

沈富問：「不知期限多久？」

朱元璋說：「我與你同樣期限，我竣工你也要竣工。假若你完工我沒完工，我會嚴懲督造官；如果你逾期不完，可別怪我不講情面！」

沈富心裏明白：這應天城牆一部分已在修建新宮殿時修好，另一部分是完好無損的古城牆，分給他的這一段實際上是整個工程的一半，而且這一段地勢低窪，城牆要修得高，工程量很大，一旦誤工自家性命難保。

於是他一回家就和兄弟沈貴商量如何全力以赴投入此項工程。他們立即分頭找人採購原料，招募民工，開始築城。弟兄倆親力親為督工修造，不敢懈怠。

沈富兄弟築的這段城質量好，速度快，比王府督造的部分早完工。城基鋪的是花崗石，上面是統一規格的大青磚砌成的城牆，磚縫用石灰和糯米漿水澆灌。城高五丈多，寬二丈，鋪上石板為道。這一段上有四座大城門：正陽門、聚寶門、水西門、通濟門，座座造得巍峨堅固，城門上都修有甕城，造起了譙樓。聚寶門有兩層城牆，每層有七個藏兵洞，四重城門。

那天，朱元璋帶領一批文武大臣來驗收工程。他一看城牆和城門的外形，已在心中嘖嘖稱讚，然後他用手隨意指幾處，讓軍士用鐵錘狠砸城牆。只見錘子落處現出一個個白點，城牆卻絲毫無損。原來這磚砌的牆外面也用石灰和糯米漿水包了一層，所以城牆既牢固，又整齊美觀。朱元璋和文武百官個個點頭讚好。

　　之後，朱元璋一行又去檢查王府督造的城牆，也同樣要軍士用錘砸牆，誰知鐵錘落下之處磚碎牆裂，露出裏面是一些破磚爛瓦。原來這些城牆由犯人建造，他們當然不肯好好出力，督造官疏忽時他們就偷工減料，草率從事，所以有些部分質量很差。朱元璋惱羞成怒，下令拆掉重造，並把督造官活活填埋在城牆中！

　　經過幾十萬人幾年的艱辛勞動，應天府以嶄新面貌屹立在鍾山西麓、長江之濱。它的城牆周長六十七里，比北京城還大，是世界第一大城。這就是現在的南京城，距今已有六百多年的歷史了！

5. 燕王奪姪權

明太祖在位三十一年期間，雖然在發展經濟、澄清吏治方面採取了一些較好的措施，使人民生活改善、社會恢復繁榮，但另一方面，他建立了高度君主專制的政治制度，後患無窮。

洪武十三年丞相胡惟庸謀反被殺後，太祖就廢了丞相一職，六部直接對皇帝負責，使皇帝的權力高到極點。而且，太祖對曾經幫他打天下的功臣宿將全不放心，設立「**錦衣衞**①」監視大臣們，藉清查胡惟庸同黨為名殺了三萬多人；十三年後又因武將藍玉一案殺了一萬五千人，明太祖的專制和殘暴在歷史上也就出了名。

另外，因為太祖出身卑微，曾經當過和尚參加過被元朝看作叛賊的農民起義軍，他就很忌諱人們提到這些事，官員的奏章中凡出現「生」（僧）、「光」（光

小知識

①**錦衣衞**：官署名，原為護衛皇宮的親兵，掌管皇帝出入儀仗，後明太祖特令兼管刑獄，賦予巡察緝捕權力，實際上是朝廷監視、鎮壓全國官吏和百姓的特務組織。

頭）、「作則」（作賊）、「殊」（歹朱）這些字，就要被砍頭。一時間大興**文字獄**①，搞得人人自危。

為了鞏固皇權，防禦北部元朝殘餘勢力的侵入，明太祖把自己的二十四個兒子（除了長子留京作繼承人外），統統分封駐守外地。從遼東到甘肅漢蒙族的分界線上封了七個藩王，內側還有兩道防線由各王把守，就好像設置了層層藩籬，尤如屏障一樣護衛着朝廷和皇帝。這些藩王都擁有雄厚的兵力，成了皇帝在地方的軍事代表。

二十幾個兒子中，明太祖最喜歡四子朱棣，因為他才思敏捷、膽識過人，長子朱標卻生性軟弱，無所作為。洪武二十五年朱標病死，明太祖很想立朱棣為繼承人，但是大臣們一致上書認為應按照宗法制度的**嫡長繼承制**②辦事，明太祖只得封朱標的兒子朱允炆為皇太孫。

公元1398年，也即洪武三十一年，明太祖去世，二十一歲的朱允炆繼承了皇位，改年號為建文，人稱為建文帝。

那些文武百官自是來巴結皇帝，以求升官晉爵。可是那些藩王卻不同了。論輩份，他們都是建文帝的叔父；論實力，他們手中都有兵力，根本不把這年紀輕輕

的姪皇帝看在眼裏。尤其是朱棣，他駐在北平，號稱燕王，肩負抵禦蒙軍的重任，擁兵最多，而且曾打過幾次勝仗，正是春風得意之時。那時外面謠傳他有謀取皇位的野心，建文帝為此憂慮得很。

於是，建文帝召來了他的老師黃子澄和**尚書**③齊泰一起商量，他們都認為建文帝應該運用皇帝的權力來削藩。齊泰建議先除掉勢力最強的燕王。黃子澄搖搖頭說：「朱棣早有準備，先動他會引起大亂，不如從其他藩王着手。」

正好此時有人控告周王謀反，建文帝就派軍去逮捕了周王全家，廢了他的封號，貶為庶人，發配到雲南。此案牽涉到另外一些藩王，也被建文帝抓的抓、廢的廢，不到一年就先後削除了五個藩王。

小知識

①**文字獄**：舊時統治者迫害知識份子的一種冤獄，故意從作者的詩文中摘取字句，羅織成罪。
②**嫡長繼承制**：封建宗法制度規定，皇位必須由正支繼承，即嫡親長子，長子若去世，則由長孫繼承。
③**尚書**：古代官名，等於國務大臣，掌管六部。

朱棣知道建文帝不會放過他，便暗中加緊練兵，準備對付。他還裝作瘋癲的樣子，成天胡言亂語，有時躺在地上昏睡，大熱天裏穿着皮袍烤火。但他並未幸免，朝廷下令削除燕王的爵位和逮捕所屬官吏，並發兵向北平進攻。

事到如此，朱棣決意起兵。他知道公開反叛建文帝對自己不利，就找了個出兵的理由，説是朝廷出了奸臣擺布皇帝，所以他要鏟除奸臣拯救皇帝，**清君側**①、**靖難**②。他打出「**靖難**②」的旗號誓師，並上奏建文帝，要他殺掉黃子澄和齊泰。建文帝沒有理會，反而下令征討燕王，從此叔姪兵戎相見，打了四年內戰，歷史上稱為「靖難之役」。

朱棣久經沙場，智勇雙全。他知道要打贏此仗，就要有一個根據地和一個鞏固的後方。他以北平作大本營，率領手下那支訓練有素的軍隊迅速掃清了北平外圍，控制了北方的廣大地區。不到二十天，已有數十萬人馬歸順朱棣。

建文帝調集五十萬軍隊伐燕，攻打北平城，雙方交戰十分激烈。那時正是寒冬季節，朱棣命令士兵挑水澆灌城牆，水一結冰城牆滑溜難爬，攻城的軍隊無法攀登。

小知識

①**清君側**：指清除君主身旁的壞人。

②**靖難**：「靖」是使秩序安定的意思，靖難指平定災難
和變亂。

朝廷的軍隊攻北平城失敗後元氣大傷，朱棣軍隊卻越戰越勇，不斷向南推進。不少守將見朱棣大軍殺來，自知不是他的對手，不是棄城逃跑就是開門投降。

　　那時濟南的守將在城門豎起了「大明太祖高皇帝神牌」的大木牌（即現今神主牌），使朱棣不敢攻打。朱棣軍就繞過濟南，渡過淮河，進抵揚州，直奔應天城。明朝初期的老將都被明太祖殺得差不多了，建文帝手下沒什麼可用的強將，他害怕起來，撤了黃子澄和齊泰的職，想叫燕王退兵，燕王哪肯罷休，他說：「這次進軍，只能進，不能退！」

　　公元1402年，燕軍已打到長江以北，京城一片混亂。建文帝見大勢已去，派人向朱棣求和，願以割地分南北，被朱棣拒絕。

　　六月初，朱棣誓師渡江。金鼓齊鳴，殺聲震天。兵臨應天城下，守軍開城門投降，燕軍順利進城。忽然皇宮中燃起了熊熊大火，朱棣趕快叫人把大火撲滅。他查問建文帝的下落，有人說建文帝下令放火燒宮，他和皇后跳進大火中自盡；也有人說建文帝遁地道逃去。

　　朱棣在羣臣擁戴下登上了皇帝寶座，是為明成祖。因為年號永樂，所以人們也稱他為永樂皇帝。

明朝一大疑案

　　關於建文帝的下落，六百多年以來有二十多種說法。一是說建文帝在宮內的大火中被燒死了，一是說他遁地道逃走了。現今在湖南省南部永州市的新田縣，文物考古人員在大觀嶺的山頂發現了一羣古堡，它有着巨大石塊疊成的城牆，長 350 米，高 1.8 米，寬 5 米。城牆在起伏山巒中尤如一道古代長城。古堡羣的面積有七千平方米，設有三道門，並在一塊大石上隱約見箭頭指向一條通往地宮的路。古堡上一無片言隻字，二無碑刻，史書上也無記載，人們稱它是「三無古堡」。為何要修築這座有三道防線的古堡地宮，看來好像是什麼達官貴人避難之地。在古堡附近發現了明代的青瓷器碎片和一塊太子親王才能用的象牙製的朝笏，上面還有一塊被火燒過的痕跡。這使考古學家聯想起 1399 年燕王朱棣發動的「靖難之役」，四年後攻入皇宮，建文帝在大火中失蹤之事，認為他很有可能是逃到此地躲藏了起來。

　　建文帝的下落一直吸引了不少考古人員，嘗試解開謎團。是否能破解，還有待史學家的嚴謹考證。

6. 三保太監下西洋

我們都知道十五世紀末，歐洲有著名的航海家哥倫布橫渡大西洋發現了美洲大陸，伽馬取道好望角到印度半島，值得中國人自豪的是：早在他們五十多年前，明朝就有了一位偉大的航海家，曾經率領龐大的船隊七次下**西洋**①呢！

他就是在中國家喻戶曉的三保太監鄭和。

鄭和本名馬和，小名三保，雲南人，他的祖父、父親都信奉伊斯蘭教，還到過**麥加**②朝聖。三保從小就從父輩那裏聽説過一些外國的情況，使他眼界大開，憧憬日後能出海去看看外面的世界。洪武十四年，朱元璋的軍隊攻打雲南時，把剛十歲的三保擄入軍中，後來送給了燕王朱棣。三保聰明伶俐，深得燕王喜愛，成為燕王的貼身侍童。「靖難之變」時三保隨燕王出征，他精通兵法，很有才幹，燕王對他十分信任。燕王登上皇帝寶座後就升三保為**內官監**③的太監，因為「馬不能登殿」，所以明成祖就親自為他改名叫鄭和。

明成祖從姪兒手裏奪得皇位後，心裏總是不大踏實。因為外面謠傳建文帝並沒有死，而是逃出去當了和

尚，有的人還說他逃到了國外。這樣的話，以後他就有可能重新召集人馬，用朝廷名義回來討伐叛亂。所以明成祖想派支船隊到海外去查訪建文帝的下落，他和大臣袁忠商量，袁忠回答說：「陛下這主意非常好，一來可以打聽建文帝的消息，二來可以和外國做些生意，三來藉此宣揚我們大明王朝的國威，真是一舉數得！」

這是個很重要的使命，派誰去呢？

明成祖和袁忠不約而同地都想到了鄭和。鄭和的先祖侍奉回教，他自己尊信佛教。這兩宗教與西洋各國的宗教信仰相同；鄭和身材魁梧、相貌堂堂，有膽量，富智謀，是出使海外的最佳人才。鄭和本人也十分樂意接受這項使命，可以實現少年時立下的航海探險的遠大理想。

小知識

①**西洋**：這裏的西洋指南海以西的海洋，現今之南洋羣島和印度一帶。古時中國把南海當作內海，蘇門答臘島以西的整個印度洋就是西洋了。

②**麥加**：伊斯蘭教的聖地，於沙特阿拉伯境內。

③**內官監**：內官的最高官職，掌管宮內後勤總務的要職，是四品大員。

經過幾個月的籌備，公元1405年，也即永樂三年的六月十五日，三保太監鄭和率領的船隊浩浩蕩蕩啟程，揚帆南下。

　　船隊共有二百零八艘船，其中六十二艘是長四十四丈、寬十八丈的大船，這是在當時世界上也少見的大船。船上載滿了絲綢、瓷器、紙張和金銀財寶，所以被稱作寶船。其他一些是戰船、坐船、馬船、糧船等等。隨航人員中除了兵士和水手之外，還有許多翻譯、醫生和技術人員，共二萬七千多人。這支船隊規模之龐大、陣容之堅強、活動範圍之廣泛，是世界上空前的。

鄭和的船隊先後到了**占城**①、爪哇、**舊港**②、蘇門答臘、**滿剌加**③、**古里**④、**錫蘭**⑤等國。每到一地，他拜見當地國王，呈上明成祖的信及禮物以示友好。那些國家見明朝派出如此強大的船隊前來訪問，都熱情接待並進貢禮品，很多小國遞上降書降表，以示臣服。海外的僑胞見到自己國家有如此龐大的船隊，也都深以為傲。鄭和的船隊不但震動了南中國海和印度洋，宣揚了國威，建立了中國前所未有的海上霸權；而且發展了中國與海外各國的貿易，中國的絲綢、瓷器、茶葉、鐵器換來了各國的特產，如象牙、香料、染料，藥材、各種手工藝品及珍禽異獸如獅子、金錢豹、駱駝等。

鄭和每到一地，都會主動去了解當地的風俗習慣，進行公平的交易，做好親善工作。他還在滿剌加國選了一塊地建造城垣，內設倉庫，存放一部分各國國王進貢的禮品寶物和錢糧，派兵駐守，並在古里建石碑亭留念。

鄭和第一次出使，直到第三年九月才回國，各國也都派了使者帶着禮物跟他一起回訪。明成祖見到鄭和出色完成任務，十分高興，就一次又一次派他帶船隊下西洋。從公元1405到1433的近三十年內，鄭和前後出

海七次，訪問了亞洲和非洲的三十多個國家，最遠到過非洲東海岸和紅海沿岸。他的出使，建立了中國與這些國家之間的友好關係，促進了各國的經濟文化交流。

出使海外並不是一件輕鬆的事，除了旅途勞頓之外，滿載寶物的船隊還常遭到海盜襲擊。鄭和曾被迫三次用兵打退盜賊。這位偉大的航海家在最後一次航行的歸途中，病死在古里國。

在南洋羣島各地至今還保留着許多紀念鄭和的遺跡呢，如印尼的三保廟、泰國的鄭王廟和三保塔，馬六甲的三保井和三保城等。鄭和這個名字永留史冊，永留後人的心中。

小知識

①**占城**：今越南的南部，當時是一獨立小國。

②**舊港**：今印度尼西亞蘇門答臘島東南岸的巨港。

③**滿剌加**：今馬來半島西南之馬六甲。

④**古里**：今印度科澤科德。

⑤**錫蘭**：今斯里蘭卡。

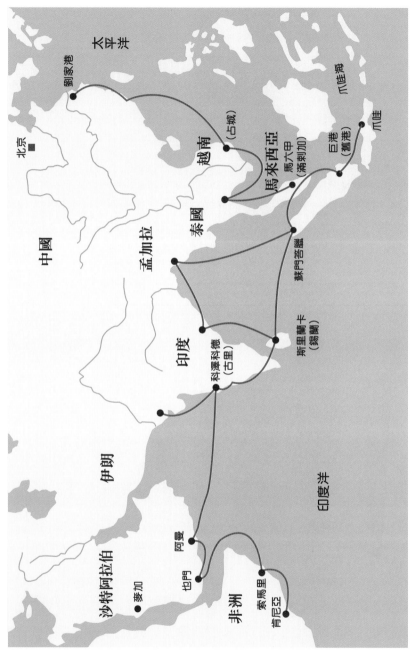

鄭和下西洋時曾到訪的國家

太平洋

劉家港

北京

中國

越南（占城）

馬來西亞

馬六甲（滿剌加）

爪哇海

爪哇

舊港（舊港）

泰國

孟加拉

蘇門答臘

印度

科澤科德（古里）

斯里蘭卡（錫蘭）

伊朗

阿曼

也門

沙特阿拉伯

麥加

非洲

索馬里

肯尼亞

印度洋

三保太監鄭和

書中說到鄭和是三保太監，但是很多書中也稱他是「三寶太監」，兩者有何分別呢？後人為何稱鄭和是三寶太監，共有五種說法，其中有兩種是比較流行及可信的：

一是說永樂年間派出了鄭和、王景弘、侯顯三個太監下西洋，他們是三寶，但後來這名稱就集中落到鄭和一人身上了。

二是說鄭和下西洋得到了三件寶物：夜明珠、鸞香和另一件他自己找到的寶物，所以稱他是三寶太監。

也有說稱他為三保太監是因為鄭和在朝中的地位很高，皇上為他加上三個尊號：太子少保、太子太保，最後還尊封為太保，所以是「三保太監」。其實，還有一傳說指「三保」本是鄭和的小名呢！

鄭和時代的中國人骨

在東非肯尼亞的曼達島發現三具帶有中國血緣的人骨，其中一人可能是屬於鄭和下西洋年代的。

這是很有可能的。因為鄭和下西洋的珍貴文獻雖然被明朝官員燒毀了，但是留下了一幅鄭和航海圖，記載了鄭和的船隊最遠到達了非洲東岸的肯尼亞和馬達加斯加，還有一次經過紅海到達麥加。最後第七次的航行到了非洲南端，近莫桑比克海峽。在肯尼亞沿海有一種貝朱尼人，具有東方人的形象，他們自稱是鄭和船隊的後裔。想當年龐大的鄭和船隊出訪了亞非三十多國，沒有侵略佔地，沒有掠奪，只是和平地進行經濟、文化交流，要天下共用太平之福。船隊成員留下在當地生活，成家立業，生息繁殖，也未必全無可能呢！

7. 蘇州知府況青天

　　大家知道，宋朝時開封府曾經出現一位深受百姓愛戴的包青天，四百多年後的明朝宣德年間，在蘇州也出現了一位名揚史冊的清官，他就是被人們稱為況青天的況鐘。

　　明朝由太祖朱元璋打下江山，成祖朱棣**勵精圖治**①，文治武功都卓有成效，為鞏固明朝統治打下基礎。成祖病逝後由長子朱高熾即位，是為仁宗。仁宗開明、仁厚、關心百姓疾苦，可惜他只當了短短十個月皇帝就去世了。好在繼他位的長子宣宗朱瞻基也繼承了父親的政治風範，仁宗、宣宗在位期間百姓生活安樂，社會經濟發達，所以歷史上稱之為「仁宣之治」。況鐘就是宣宗手下的一名好官。

　　況鐘是江西人，小時因為家境貧困只唸了幾年書。但他勤奮好學，自學成才，長大後在縣裏當了九年

小知識

①**勵精圖治**：「勵」同「厲」，是振作的意思；「圖」意為謀取。全句意思是振奮精神，想辦法，盡力治理好國家。

書吏①。他辦事認真，人又聰明，縣令很器重他。九年後他去參加**吏部考核**②時，縣令特意寫了封信給吏部尚書推薦況鐘的才能，經過考核後況鐘被推薦給明宣宗，在吏部當了一名小官。

後來，宣宗發現全國很多地方的**知府**③不稱職，尤其是江南**蘇州**④一地。蘇州每年的賦稅佔全國收入的十分之一，但朝廷派去的收稅官往往與當地的官吏狼狽為奸，加派百姓的賦稅，使百姓困苦不堪，離鄉背井流落他方。因此蘇州的稅款往往收不上來，是全國欠糧最多的地區。明宣宗很着急，讓百官推舉一個精明能幹的人去治理蘇州。

不久，吏部尚書向宣宗推薦況鐘，說他既廉潔又能幹，是個合適的人選。宣宗同意了，便封況鐘為蘇州知府。為了加強他的權力，宣宗還特意給了況鐘一道「**璽書**⑤」，使他具有先斬後奏的特權。

況鐘很感激宣宗對他的信任。他是當縣吏出身的，對地方上的吏事一清二楚，對蘇州地區官史徇私舞弊的事也早有所聞。他決心不辜負朝廷所託，鏟除貪官污吏，為百姓造福。

況鐘到蘇州上任了。頭一天，蘇州府的大小官吏們抱着各自分管的案卷，前來拜見新知府，一個個向況

鐘請示：「知府大人，您看這個案子該怎麼處理呀？」

況鐘裝作糊塗，反問道：「依你之見該怎麼辦呢？」

官吏們説出自己的看法後，況鐘就大加讚賞道：「好，很好！就照你説的辦！」

一件件案子就這樣處理了。那些官吏們很高興，以為況鐘是個無主見的糊塗蟲，便不把他放在眼裏，照舊的胡作非為。

誰知況鐘立即換下官服，穿上便服，下鄉私訪去了。經過了一個多月的調查，況鐘充分掌握了官吏的情況，哪個忠、哪個奸，他心中有數。

小知識

①**書吏**：縣衙門管理文案的小吏。

②**吏部考核**：明朝規定全國的大小官吏在九年任滿之後，必須到京城接受吏部的考核，政績突出的會得到提拔，庸碌無為的或是魚肉百姓的贓官就要遭到謫貶。

③**知府**：明清兩代時稱一府的長官為知府。

④**蘇州**：位於長江下游長江三角洲一帶的府名，在太湖東北，土地肥沃，著名的魚米之鄉，是明朝主要的糧食生產基地。

⑤**璽書**：蓋上帝王之印章的書面命令。

一天，況鐘高坐大堂，請來了所有的官吏、城鄉的里長和鄉亭老人。他取出皇帝的璽書大聲讀了出來，當讀到「官吏中有犯法的，可以直接處罰」一句時，那些貪官污吏們嚇得臉煞白。

　　讀完璽書，況鐘對里長和鄉亭老人說：「聽說有些官員橫行霸道，欺壓百姓，你們該十分清楚，請你們把清官和贓官分別寫在這兩本簿子上。對好官，我要獎賞；對壞官，我就不客氣了，要為民除害！」

　　接着，況鐘用手一指，指出了六個平時作惡最多的貪官，當眾宣布了他們的罪行，鐵證如山，抵賴不了。六個人嚇得跪在地上嗦嗦發抖。

　　只聽得況鐘大聲喝道：「今天我代表皇帝來執法，這六個人違法亂紀，上欺皇帝，下壓百姓，罪大惡極，拖下去打死！」

　　況鐘處死了六個最壞的官吏，把他們的屍體擺放在大街上示眾；又把十幾個小貪污官及辦事不力的官員革了職，蘇州百姓個個拍手稱快！貪官們這下嚐到了新知府的厲害，只得收斂了些。

　　況鐘又向朝廷申請為蘇州減少官田租稅，把一些欠糧改為交現錢，他一連寫了四次奏章才得到朝廷批

准。消息傳來，蘇州百姓敲鑼打鼓一連慶祝了三天！於是，逃到外鄉的百姓紛紛回來了，拖欠官府多年的租稅補交了，國家也增加了收入，皆大歡喜！

況鐘在任九年期間，扶助貧弱、鋤奸除害，使社會秩序很快安定下來，人們稱他為況青天。

九年後，況鐘又要到京城接受吏部考核。百姓們紛紛聚集在況府門前高喊：「況大人，您不能走啊！」「況大人，蘇州百姓離不開您啊！」況鐘激動得老淚縱橫，連連抱拳說：「鄉親們，我還會回來的！」

況鐘在京考核期間，蘇州百姓又聯名上書朝廷，請求把況鐘留任在蘇州。吏部考核況鐘政績卓越，本來要讓他擔任更重要的官職，由於蘇州百姓苦苦挽留，便給他加官晉級，再次出任蘇州知府。不幸的是，兩年後況鐘積勞成疾，病死在蘇州，那時他才五十九歲。

蘇州百姓修建了許多祠堂紀念這位況大人，在民間，至今還流傳着不少況鐘辦案的故事呢！

8. 皇帝作了階下囚

堂堂大明皇朝的皇帝，竟一度被敵軍俘去成為階下囚！這是發生在正統十四年（公元1449年），造成這件不光彩事件的罪魁禍首是臭名昭彰的宦官王振。

王振是山西人，年輕時讀過些書，但是參加幾次科舉考試都沒考中，後來考進宮裏當了太監。因為他為人機靈乖巧，善於揣摩皇帝的心意，所以很得宣宗賞識，派他去教太子朱祁鎮讀書寫字，朱祁鎮尊稱他為「先生」。

宣宗去世後，九歲的朱祁鎮繼位，就是英宗。自此，他的貼身宦官王振的身分就突然顯赫起來。王振主管**司禮監**①，逐漸掌握軍政大權，並在朝廷內外安插自己的心腹爪牙，勢力迅速膨脹。凡是得罪過他的官員，輕則貶官，重則殺頭。因此朝內大臣都怕了他，連皇帝也要處處聽他的。明朝從成祖、仁宗到宣宗，政治尚算清明平穩，人民安定地過了三十年日子；但自宦官王振操縱英宗開始，形勢急轉直下，自興盛轉為衰弱了。

那時北方蒙古族的**瓦剌**②部落十分強盛，對明朝構成威脅。明朝對他們採取兩手政策，一方面封瓦剌首領

為順寧王，雙方進行互通有無的交易，以安撫人心；另方面也以武力相脅，明成祖遷都北京加強戒備，並曾親率車隊五次北伐。正統十四年春天，瓦剌照例精選馬匹進貢明朝，以換取朝廷大量的賞賜。但這次他們多報了前來進貢的人數，想多得些賞物。王振很惱怒，說他們欺騙朝廷，便削減馬價，並不給多餘的人開飯。這下傷了和氣，瓦剌的首領就乘機擴張自己的勢力，出兵攻打山西大同。

瓦剌軍銳不可當，大同守軍接連戰敗，許多邊城失守，形勢危急。王振本來不懂打仗，卻企圖藉此機會建立奇功以鞏固自己的地位，便力勸英宗出兵：「陛下應該學成祖親自率兵出征，如此一來。軍隊士氣大振，打敗瓦剌是輕而易舉的事！」

小知識

①**司禮監**：明代設置官署名，掌管皇城內一切禮儀、刑事及大小雜事，甚至筆錄皇帝口述命令，管理奏章、批閱公文。在首輔之上。

②**瓦剌**：蒙古族之一部落，初分布於葉尼塞河上游，從事狩獵生活，後歸附成吉思汗，元末南遷，經營牧業並有部分農業。明初封其首領為順寧王，英宗時瓦剌首領也先曾短期統一蒙古各部。清代對西部蒙古各部總稱為瓦剌，或衞拉特。

英宗聽信王振的話，便下了**諭旨**①決定第三天親征。朝中官員大吃一驚，認為這樣做太危險了，紛紛上諫勸英宗不要去，吏部尚書王直還率領了大小羣臣跪在皇宮**午門**②外，懇求英宗收回成命。但在王振慫恿之下，英宗固執己見。

七月中，英宗下令弟弟郕王留守北京，自己統率五十萬大軍向大同進發。那時正是北方的雨季，連日大雨，道路泥濘；又是倉卒成軍，糧草不足。明軍人困馬乏，大批人馬病死餓死。

瓦剌部首領也先摸清了明軍的情況，不動聲色誘敵深入。明軍開到大同，王振以為瓦剌軍人少不敢應戰，便命令繼續北上，不料先遣部隊在兩山之間的夾道上遭到瓦剌埋伏軍的夾攻，全軍覆沒。王振和英宗這時才知瓦剌軍的厲害，慌亂中決定退兵。

這時，王振又私心大發，想領皇帝到自己家鄉蔚州去繞一圈，顯顯自己的威風。幾十萬大軍就向蔚州開去。走到一半，王振又命令軍隊掉頭往回跑，原來他考慮到這麼多人馬到蔚州，會把他的田產上的莊稼踐踏壞，所以還是不去為好，如此來回一折騰就延誤了撤兵的寶貴時間，瓦剌軍漸漸追上來了。

英宗和王振一行跑到離懷來縣城二十里的土木堡，天色已黑，大臣們主張趕快進入懷來城以利防守，並以重兵殿後保護皇上。王振卻因裝運他個人財產的幾十輛大車還未到，就命令軍隊在土木堡駐紮下來。土木堡地勢高，取水不易，是其致命傷，王振卻說：「正因為這裏地勢居高臨下，敵軍來到，我們可以給予迎頭痛擊！」

　　結果也先的部隊趕到，把土木堡團團圍住。英宗和王振第二天想開拔，一見四周全是敵軍，嚇得不敢動彈。兵士們兩天沒有喝水了，挖地兩丈深卻不見一滴水，大家又渴又累，又衝不出去，只能坐在地上等死。到了第四天，也先假意派人來講和，明軍士兵以為有和解的希望，爭先恐後跑出來找水喝，也先的部隊乘機潮

小知識

①**諭旨**：皇帝對臣子下的命令、指示。

②**午門**：在北京市天安門北、端門之，故宮的正門，俗稱五鳳樓，始建於明永樂十八年（1420年）。高八米，正中三門，左右各有掖門，城台上是一座九間金檐門樓，左右各有金檐方亭四座。殿亭巍峨，莊嚴宏偉。

水般湧過來把明軍殺了個措手不及。明軍逃的逃、死的死，狼狽萬分。王振也嚇得魂不附體，禁軍將領樊忠早就恨透了他，抓住他的衣領說：「這場災禍全是你惹出來的，今天我為天下百姓除掉你這奸人！」說罷用鐵錘一下把他砸死。

在這場激烈的戰鬥中，英宗卻奇跡般地沒有受傷。他見沒有可能逃走了，便索性下了馬，盤腿坐在草叢中，等待死神的到來。戰鬥結束，瓦剌兵打掃戰場時發現了他，本來要殺了他的，後來見他的穿着舉止不同常人，料想他不是普通士兵，便把他捉到大本營，經人辨認，證實是明朝的英宗皇帝朱祁鎮。

土木堡一役，英宗被俘，百多名官員被殺，數十萬軍隊被殲，從此明朝元氣大傷，歷史上稱之為「土木之變」。

9. 于謙保衛北京城

土木堡大敗，皇帝被俘，五十萬大軍崩潰！噩耗連夜傳到北京城，剎那間震動了明朝全國，宮廷裏一片混亂，大臣們都嚇呆了，清晨時分他們聚集在午門，有的哭泣，有的大罵王振，要求郕王派人去抄王振的家，也有的商量着要搜羅金銀珠寶贖回英宗……

留守北京的只有不足十萬的老弱殘兵，如果也先率軍打來，首都怎麼守得住呢？京城裏人心惶惶，皇太后和郕王都沒了主意。

一天，郕王召集大臣們商討對策，一個叫徐有貞的官員說：「我觀察過天象，北京將會有大難。瓦剌兵力那麼強，我們這些人抵擋不住的，只有南遷才能消除災禍。」他是個膽小自私的傢伙，已經把家眷遷到了南方。

正在此時，從文臣裏站出一人大喝道：「誰主張南遷，應該殺頭！京城是天下的根本，不保住它，國家就完了，大家難道忘了宋朝的教訓嗎？目前唯一的辦法是積極備戰，穩定局勢。」他那一番慷慨激昂的話得到了眾臣的支持，主張南遷的徐有貞灰溜溜地低頭站在一旁。

說這番話的人是兵部侍郎于謙。他是杭州人，考中進士後當過御史、巡撫，為人正直，辦事果斷認真，替百姓做過不少好事，是明朝很有作為的官員之一。

郕王也同意于謙保衛京城的主張，就提升他為**兵部尚書**①，擔負護城的重任。

于謙預計到也先會挾持英宗來威脅明朝，而且按照封建宗法觀念「天下不可一日無主」，便與大臣們上書，要求郕王登上皇位。1450年九月郕王登基，就是明景帝，改年號為景泰，被俘的英宗被尊為太上皇。

也先本想以英宗要脅明朝訂立不平等條約，勒索一批金錢和土地，想不到明朝立了新皇帝，打破了他的如意算盤。也先一氣之下進攻北京。

于謙上任後一方面促工部加速製造各類兵器武裝部隊，一方面下令各邊鎮加強防備，並調集各地部隊火速進城支援。他又派兵嚴守**京城九門**②，徵召百姓作義勇軍，安排官員參加戰鬥。于謙自己立下**軍令狀**③發誓守住北京：「不見成效，甘受處罰。」

十月裏，也先的軍隊攻到北京城下。明朝大將石亨主張以土**甕閉**④城門死守，因為北京城比較堅固，也先攻不下就自會退兵。于謙不同意這樣做，他說：「我

們閉門不出，敵人以為我們膽怯不敢應戰，氣燄會更囂張。只有堅決予以反擊，才能得到和平。」

于謙調整了兵力，部分守城，部分安排到城外迎戰，他自己帶領一批人馬駐守在直接與敵軍對陣的**德勝門**⑤，並下了一道嚴令告誡部隊：「打仗時，凡是將官先士兵而退的，斬將官；凡是士兵不聽指揮而先退的，後隊斬前隊！」

小知識

①**兵部尚書**：兵部尚書和兵部侍郎是古時國家軍事部門的正副長官，相當於現代的國防部正副部長。

②**京城九門**：北京內城又稱京城，有城門九座：朝陽門、崇文門、正陽門、宣武門、阜成門、德勝門、安定門、東直門、西直門。今這些城門大多無存，但保留城門名作為地名。

③**軍令狀**：古時將領在接受軍令後寫的保證書，表示如不能完成任務，願依軍法處罪。

④**甕閉**：用泥土做堵塞物封閉（城門），甕是培土堵塞的意思。

⑤**德勝門**：京城九門之一，在西北面。

也先派出部分兵力偵探德勝門外明軍的實力，于謙令石亨在附近民舍設下埋伏，同時以少量騎兵誘敵來攻。也先中了計，以為城外防守力量有限，便令一萬多人馬進攻。當敵人進入伏擊圈後，明軍奮起勇戰，士兵如狼似虎般衝入敵陣砍殺，槍砲弓箭齊發，居民也爬上屋頂用磚石瓦片投擲敵人，吶喊助威。瓦剌軍分別轉向西、南方面竄逃，也遭到伏軍的截擊，全軍潰敗。

明軍取得第一回合的勝利，士氣大增。這時各地援軍也紛紛到達，城外的明軍增至二十多萬。也先見形勢不利，便指揮軍隊撤退。于謙乘勝追擊，又打了不少勝仗，北京城保衛戰取得了輝煌的勝利。

為了表彰于謙，景帝賜給他一座豪華的住宅，但是于謙婉言謝絕了，他說：「國難當頭，我怎能貪圖個人的享受？」于謙素來廉潔，住屋十分簡陋，平時也從不攀附權貴。王振稱霸朝廷時，地方官進京都要給王振送禮，輪到于謙進京時，別人勸他也如此做，于謙笑着甩了甩袖子說：「我只有這兩袖清風，可沒有什麼錢去巴結上司！」

可惜這樣一位好官，幫助朝廷保衛了京城，最終卻死在朝廷之手。瓦剌族的也先見留着英宗沒用，為了

表示與明朝和好，便於景泰元年八月把英宗放回北京。英宗以太上皇身分住在南宮。明朝與瓦剌暫無戰事，過了八年和平的日子。

景泰八年正月，景帝病重不起，大臣徐有貞、石亨等人趁機發動政變，把太上皇英宗抬出來**復辟**①，歷史上稱為「奪門之變」。

英宗重登寶座後不久景帝就死了。于謙雖然是個有功之臣，但是英宗對他擁景帝即位一事懷恨在心，再加上徐有貞、石亨屢進讒言，英宗一下狠心，以莫須有的「謀反」罪名殺了于謙。北京城的百姓聽到于謙被冤殺，都傷心痛哭國家失此良臣。于謙年輕時寫過一首詩《詠石灰》，正是他自己一生的寫照：

千錘萬鑿出深山，

烈火焚燒若等閒；

粉身碎骨全不怕，

要留清白在人間！

小知識
①**復辟**：辟指君主，復辟意為失位的君主復位。

10. 戚繼光掃平倭寇

你去過香港西南面長洲島上的張保仔洞嗎？聽說那幽暗狹窄的山洞是海盜張保仔藏寶的地方。那些在月黑風高夜殺人劫貨的海盜，一直是海上航運最大的威脅。在十六世紀的中國明朝，東南沿海一帶也曾出現過一批滋擾百姓的兇悍海盜，一度成為明朝的心腹大患。

那是明朝嘉靖年間的事，英宗的曾孫朱厚熜即位，即是明世宗。他篤信道教，沉迷於煉丹求仙，不理政事，以致內憂外患接踵而來，其中最令人頭痛的就是沿海一帶**倭寇**①的侵擾。

位於中國東邊海面上的日本一直與中國有着貿易往來，但是前來做生意的人漸漸雜了，混進一些日本武士與**浪人**②，他們兇狠好鬥，在沿海一帶官兵力量薄弱的地方燒殺搶掠，並與當地的土豪劣紳、地痞流氓相勾結進行走私活動。那時明朝軍隊膽小軟弱，沿海戒備極差，戰船又殘破不堪，根本沒能力抵禦這些海盜的侵襲，使當地老百姓痛苦不堪。嘉靖二十三年，倭寇入侵南通州，殺死官員和百姓數千人，燒毀無數民房，兩年後，倭寇又侵犯江蘇松江，放把火燒了七天七夜，百姓

家破人亡，損失嚴重。朝廷擔心越來越頻繁的倭寇入侵會影響到明朝江山，連忙派在山東防衛有功的戚繼光到浙江去對付倭寇。

戚繼光是**登州**③人，出身於軍人世家，父親是名武將，對戚繼光從小就嚴格教育。聽説有一次小戚繼光穿上祖母用絲綢縫製的一雙漂亮新鞋，喜孜孜地去給父親看。誰知父親沉下臉來教訓他説：「你小小年紀就想着要穿好的吃好的，不知吃苦，將來帶兵打仗時如何能和兵士同甘共苦呢？」硬是不許他穿這麼華麗的鞋。這事給戚繼光印象深刻，他決心好好練武，以後像父親那樣做一名好將軍。

戚繼光十七歲那年父親去世了，他就繼承了登州**指揮僉事**④的軍職；二十五歲時已升到**都指揮僉事**⑤，負責整個山東沿海的防衛。他治軍嚴格，威信很高。眼

小知識

①**倭寇**：日本海盜的意思。唐朝之前日本被叫做倭奴國，倭是矮個子的意思，寇即盜匪。

②**浪人**：專指日本流氓。

③**登州**：今山東蓬萊縣。

④**指揮僉事**、⑤**都指揮僉事**：均為地方軍事長官。

見倭寇騷擾沿海居民，戚繼光憤恨難平，寫了以下詩句表達自己平定倭寇的決心：

封侯非我意，但願海波平。

嘉靖三十四年，戚繼光被調到倭寇危害最嚴重的浙江地區，升為**參將**①。上任後他首先巡視部隊，發現部隊是一羣烏合之眾，缺乏訓練，紀律鬆懈。這樣一支軍隊怎能打仗？於是戚繼光就着手招募新兵，把受害最深的三千農民和礦工組織起來，嚴加訓練，建立了一支士氣高漲、戰鬥力強，有組織有紀律的精良軍隊。

然後，戚繼光又改進了武器和作戰方法。倭寇用的大刀長而且鋒利，常會把明軍的槍桿子砍斷，他就發明了一種叫「**狼筅**②」的長槍來對付，殺傷力很大。他還發明了「**鴛鴦陣**③」的作戰方法，整個部隊可以分為小分隊獨立作戰，又可組成一個大陣，有分有合，靈活機動。

不久，倭寇侵犯寧海和台州，戚繼光率軍英勇反擊。一見這支訓練有素的大軍開到，海寧的倭寇不戰就逃，台州的倭寇被包圍在大陣中間無處可逃。鴛鴦陣進退自如，靈活作戰，狼筅兵橫衝直闖，銳不可擋；再加上長短刀槍配合默契把數百名倭寇打得落花流水。台州

大捷後的一個多月內，明軍又連續打了幾個勝仗，共殲敵一千四百多人。倭寇的銳氣大大受挫，「戚家軍」擴展到六千人，威名大震。

第二年，倭寇見浙江的防衛厲害，就轉而騷擾福建沿海、攻佔了寧德城。嘉靖皇帝急忙把戚繼光從浙江調到福建抵禦。

這次戚繼光下決心要搗毀倭寇的老巢，才能保證東南沿海太平無事。經過一段時期的採訪，他摸清了賊巢是在離寧德城數十里的橫嶼島上，這島地勢險要，周圍又全是海，如何攻呢？

小知識

①**參將**：明代鎮守邊區的統兵官。

②**狼筅**：也叫狼牙筅（粵音先）。戚繼光發明的兵器，用韌性很強帶竹枝的毛竹作槍桿，頂端插上一尺長的尖刀，可以橫掃揮舞，威力很大。

③**鴛鴦陣**：由十二人組成的一個獨立戰鬥單位。最前面是隊長，隊長身後有兩行士兵，每行五人，最後一個是伙夫。隊長身後兩兵手持籐牌遮擋刀箭，掩護戰友。他們的後邊是狼筅兵兩個，再後面分別是每行各兩個長槍兵和一個短刀兵協助作戰。

戚繼光和將領們反覆觀察橫嶼島的地形和天氣的變化，發現在海水退潮時該島四周有一片淤泥地與陸地相接，他們就利用這個特點展開攻勢：兵分兩路，一路由戚繼光親自率領從正面強攻。兵士們都抱着一綑稻草和一塊木板，等海水一退露出淤泥地時，就鋪上稻草和木板，大軍踏着這條木板路登上橫嶼島和倭寇進行**白刃戰**①，戚繼光親自為軍隊擂鼓助威。拼殺正激烈時，戚家軍的另一路從側面也用同樣方法悄悄登上了島，並放了一把大火。倭寇的老巢火光衝天，濃煙滾滾，倭寇們心慌意亂，無心戀戰，四處逃散。戚家軍乘勝追擊，殲滅了盤踞在島上的全部倭寇，削平了他們的老巢，收復了被佔三年的橫嶼島。

之後，戚家軍裝出疲憊不堪，進行休整的樣子來瞞騙其他地方的倭寇。趁

他們放鬆警惕沒有防備時，又連續展開攻勢，在短短兩個月內攻破倭寇十多處巢穴，平定了福建沿海的倭寇活動。倭寇們一聽到戚家軍就怕，稱戚繼光為「戚老虎」。

後來，又一位抗倭名將俞大猷與戚繼光配合作戰，三年內打了一個又一個勝仗，把倭寇趕盡殺絕，東南沿海終於安定了下來，恢復了往昔繁榮的面貌，人民重新過上安居樂業的生活。

小知識

①**白刃戰**：敵對雙方接近時用槍刺、槍托、大刀等進行的格鬥。

明朝勇將戚繼光

戚繼光是一位傑出的軍事家，他被派往東南海剿匪時首先整頓軍隊。此時浙江省正好因開礦的事爆發了農民與礦工的一次大規模械鬥，戚繼光分別召集兩方的民眾，反覆勸說和動員他們停止內鬥，共同參軍保家衛國。結果有數千名青年參軍，擴大了戚繼光的部隊。

戚繼光制定了嚴格的軍紀，親自訓練士兵，賞罰分明。有一次還當眾處罰了不聽從命令的一位老將軍，那是他的親舅舅。但事後他去向舅舅解釋這麼做的必要。舅舅明白他的用意是在於嚴整軍紀，自己認了錯，並協助他練出一支強大的戚家軍。

戚繼光是一位既勇猛又聰明的將領，他不僅施用靈活的戰略戰術，還發明了因地制宜的隊列「鴛鴦陣」和多種特別的武器。除了書中提到的「狼筅」之外，他還結合了倭寇大刀的優點，改良製造了一種新式軍刀，減輕了重量但加強了力度。他覺得現用的鳥銃槍殺傷力太弱，就發明一種叫「虎蹲炮」的火器，外形像一隻蹲坐的猛虎，殺傷力大，也便於攜帶。他建造了各種大小戰船和戰車，使部

隊的戰鬥力大大超過了倭寇。

　　更有趣的是，為了讓士兵能隨時投入戰鬥，又不至於挨餓，他模仿了老百姓送來的有孔圓餅，要炊事班烘烤了大量這樣的餅，用繩子串起來掛在頸脖上，士兵可以一邊走一邊吃，不影響行軍。這種「光餅」至今流傳在福建一帶，也叫「繼光餅」。

　　戚繼光平定倭寇後，又奉命到北方對付韃靼的進攻，防守薊州十多年，保障了北方邊界的安定。他自17歲起南征北戰四、五十年，為民殺敵，保衛國家和百姓，他自己有詩寫道：「南北驅馳報主情，江花邊月笑平生，一年三百六十日，多是橫戈馬上行。」

11. 嚴嵩父子亂朝政

嘉靖皇帝（也即明世宗）剛即位時，進行了一系列的改革，辦了些好事，如豁免一半田租、精簡機構、限制宦官專權、為忠臣冤案平反等等，但是後來他沉迷道教，並寵信宰相嚴嵩，致使朝廷搞得烏煙瘴氣，國家一天天衰亡下去。這嚴嵩父子倆狼狽為奸，前後掌政達二十年之久，是歷史上出名的兩大奸臣。

嚴嵩是江西人，中過**進士**①，在**翰林院**②當一名小官。這人有些才華，詩文作得不錯，可是人品太壞，善於奉迎拍馬，討好上司，居然靠這手段官運亨通，步步高升，一直擠進了**內閣**③。

明世宗在宮裏經常擺開這場進行祭祀活動，他要大臣們撰寫祭祀用的青詞，誰寫得好就馬上可以得到高官厚祿。嚴嵩看準了這是向上爬的好機會，就施展渾身解數，挖空心思來寫**青詞**④，又將寫好的青詞加以香葉冠，並罩上輕紗以示虔敬。果然這樣一來嚴嵩深得世宗的歡心，每次齋醮都要用他寫的青詞，後來還當上了禮部尚書。

之後嚴嵩更是千方百計取悅世宗。一次他奉命去

祭祀世宗父親之墓，回來後他編了一套鬼話繪聲繪色地對世宗說：「本來那裏一連幾天陰雨連綿，祭奠那天忽然放晴了，萬里無雲，紅日高照，又有一羣鸛鳥在陵墓上空飛舞，真是神靈保佑，無比眷愛啊！」信神信鬼的世宗聽了高興得又升了嚴嵩兩級！

小知識

①**進士**：科舉時代稱考取殿試的人。

②**翰林院**：官署名，唐代初置，本為各種文藝技術內廷供奉之處，明代將修史、著作、圖書等事務併歸翰林院，正式成為外朝官署。明清都以翰林院為「儲才」之地，從科舉考試的進士中選拔一批翰林，作為皇帝的文學侍從官。

③**內閣**：官署名，明初加強專制統治，廢丞相，另設三殿兩閣大學士，為皇帝顧問。成祖即位，命官品較低的翰林院編修、檢討等官入午門內的文淵閣當值，參與機務，稱為內閣。仁宗以後，內閣權位漸高，入閣者多為尚書、侍郎，實際掌握宰相權力，其中首輔權力最大。

④**青詞**：道教齋醮祭祀時祈禱天神的奏章奏文，用朱筆寫於青籐紙上，一般用詞句整齊對偶、聲韻和諧、詞藻華麗的駢儷文體寫成。開道場時，由老道手持寶劍，口中唸唸有詞，然後把青詞穿在劍上用燭火燒掉祭神，以求神仙保佑。

有一次，世宗想把自己的父親尊為皇帝，供奉到**太廟**①去。朝廷裏為此展開了一場爭論，多數人不同意這樣做，因為世宗是武宗的堂弟不是嫡親兄弟，當了皇帝後應歸入孝宗、武宗的血統。嚴嵩瞄準了這又是一個討好世宗的機會，便寫了一篇為世宗父母進尊號的詳細計劃，搶先為他們上尊號。嚴嵩這樣做又一次得到了世宗的賞賜。世宗自此把他當作心腹大臣，最後提升他當了內閣大學士，並賜給他一顆銀印，上刻「忠勤敏達」四個字，意思是嚴嵩忠實勤奮又能幹。

當上了內閣大學士的嚴嵩，地位已是相當於丞相了。何況明世宗迷信道教，疏於理政，把朝政全權交與嚴嵩負責。後來世宗甚至離開皇宮搬到西苑居住，二十多年不上朝，除了嚴嵩以外不與別的文武大臣見面。以前大臣們的奏摺要經過「**票擬**②」的手續後才到皇帝手，但後來卻完全由嚴嵩一人操縱，只有他説了才算。

為了獨攬大權，嚴嵩在世宗面前撥弄是非，排擠內閣裏資格老、名望高的夏言，最後唆使世宗以收復河套兵敗的罪名殺了他。夏言一死，再也沒人敢和嚴嵩抗爭了。

嚴嵩入內閣時已經六十二歲，在內閣十多年後年

事已高，腦子也不那麼好用了，有時世宗問他一些事，他竟支支吾吾答不上來。多虧他兒子嚴世蕃在旁提點或代父作答，才能應付過去。這嚴世蕃沒什麼學問，也沒有功名，但是跟他父親一樣只有奉承諂媚的本事，也有些小聰明。嚴嵩得勢後，世蕃也隨着飛黃騰達起來，晉升為工部侍郎。嚴世蕃是個大胖子，脖頸短，又瞎了一隻眼，外貌醜陋，心術也不正，他為人陰險毒辣，無惡不作。他憑藉父親的勢力結黨營私，搜刮財物，接受賄賂。只要給他父子倆送錢，求職的可以做官，貶了官的可以復職升官，犯了罪的可以無罪釋放。父子倆家產萬貫，居住的房屋建得宏偉華麗，可與皇宮相比，生活奢侈浮華，極其享樂之能事。嚴嵩曾得意地揚言「國家都沒我富有」！

小知識

①**太廟**：帝王為祭祀其祖先而建的廟。

②**票擬**：內閣大臣收到大臣們的奏摺後，要先看一次，然後共同研究商量，擬定實施辦法寫在紙條上，再夾在奏摺內呈皇帝批閱，這叫票擬。

嚴嵩父子倆的貪贓枉法行為使很多大臣氣憤，紛紛上奏皇帝予以揭露和**彈劾**①。可是昏庸的明世宗既不追究也不怪罪，使嚴嵩父子更是肆無忌憚。他們對上奏的官員懷恨在心，找機會報復，用各種藉口把他們罷官、貶職，甚至陷害致死。兩人的氣焰囂張，獨霸朝政大權，所以一些官員就屈服在他們的淫威之下，爭相去獻媚討好。聽說每天去嚴府求見的人多得像趕廟會，有時被安排在馬棚等候一天才能進門。有人有要事要請示嚴嵩時，嚴嵩總是說：「去找世蕃商量吧。」父子倆被人稱為大宰相和小宰相。有人譏笑說：皇帝不能一天沒有嚴嵩，嚴嵩不能一天沒有兒子。

　　嚴嵩父子的橫行霸道實在使一些正直的官員看不下去了，內閣新秀徐階和老臣鄒應龍商量對策。他們深知正常的上書皇帝是沒用的，要另想辦法。

　　首先，徐階把一位道士引見給世宗，說這道士神通廣大，能預知天下百年凶吉事。篤信道教的世宗很高興，把道士留在宮裏。

　　一天，世宗問道士：「你看大明王朝還有多少年氣數？」

　　道士裝作**扶乩**②，盤算了一通對世宗說：「大明能

有萬年江山，但現今朝中有一隱患。」

世宗忙問那是誰，應如何消除隱患。

道士說：「內閣首輔嚴嵩和他兒子嚴世蕃，久有顛覆大明朝的野心，請陛下小心提防。」

第二天，鄒應龍遞給世宗彈劾嚴嵩父子的奏本，上面詳細列舉了他們的種種罪狀，都是有根有據，證據十分確鑿的。世宗想不到嚴嵩父子背着他幹了這麼多壞事，大怒之下下令逮捕嚴世蕃，把嚴嵩罷了官，趕出府第並抄了家，抄出黃金三萬多兩、銀子二百多兩。後來嚴世蕃因不服發配雲南私逃回家而被殺頭，嚴嵩老死在老家。橫行朝廷二十多年的嚴嵩父子的統治終告結束。惡人得到了應有的下場。

小知識

①**彈劾**：君主時代擔任監察職務的官員檢舉官吏的罪狀。

②**扶乩**：也叫扶箕，一種迷信活動，在架子上吊一根小棍，兩人扶着架子，小棍就在沙盤上畫出字句來作為神的指示。

12. 剛正不阿的海瑞

　　上面說到在奸臣嚴嵩掌權期間，父子倆和他們手下的一批同黨及爪牙都是倚仗官勢作威作福，導致上至朝廷眾臣、下至地方百官，人人都對他們懼怕幾分，不是附炎趨勢去巴結他們，就是憤懣在心，敢怒而不敢言。但是在浙江淳安縣，卻有一個小知縣不賣他們的賬，對嚴嵩的爪牙不講情面秉公辦案。這位**剛正不阿**①的官員叫海瑞，是中國歷史上有名的清官。

　　海瑞是回族人，生在**瓊山**②、四歲時死了父親，和母親相依為命，生活十分貧困。俗話說「家貧出孝子」，海瑞母親節衣縮食供海瑞上學，希望他將來做個有用的人。海瑞很懂事，發奮讀書，不辜負母親的期望，二十多歲就考上了舉人，被派到浙江淳安當知縣。

　　淳安是個貧瘠的山區，百姓原本就不富，加上要負擔國家沉重的賦稅徭役，地方官吏又欺壓和搜刮百姓，所以造成當地人民的生活十分艱苦。海瑞上任後經過一番調查研究，摸清了情況。他從小吃過苦，了解百姓的苦難，同情他們的處境，決心要為百姓辦些好事。

　　海瑞先着手整頓吏治，制定了許多規章制度，規

定各級官吏都要盡守職責，不許營私舞弊，嚴懲貪污行為；規定要緊縮縣府的開支，減少對百姓的徵稅，取消了一些不合理的攤派。

在這方面海瑞做得最出色的一件事，是以身作則，宣布廢除「常規③」收入。海瑞明確宣稱自己不要這筆「常規」錢，並規定對過路的官員只按國家規定接待，不許白吃白住白拿。

這個規定一實行，馬上就得罪了人。一天，海瑞在衙門裏批公文，有差役來報告説，浙江總督胡宗憲的兒子胡公子帶了一大批隨從來到淳安縣。

胡總督是海瑞的頂頭上司，也是奸臣嚴嵩的一名黨羽；胡公子是個酒色之徒，仗着父親的權勢無惡不

小知識

① **剛正不阿**：阿，是曲從、迎合的意思。剛正不阿是指剛強正直，不奉承迎合，形容堅持原則，不畏強暴和權勢。

② **瓊山**：即現在海南省瓊山縣。

③ **常規**：是一種陋習，每逢有朝廷大官出巡或路過當地，當地官員就要向他們贈送厚禮及殷勤招待，這筆費用不是由縣府付出，而是向當地老百姓攤派。地方官吏往往乘機虛報賬目，搜刮民脂民膏，從中漁利，所多收的錢就在官員中分攤，集體貪污。

作。海瑞對他們的所作所為十分痛恨，從不向他們諂媚討好，因此胡宗憲很不喜歡他，一直不提拔他。這次胡公子聽說海瑞廢了「常規」，心中很不痛快，心想海瑞對自己總應破例照顧，便帶着一行人前往淳安來。一路上已經收到了各地官員孝敬他的十幾箱財物，箱上都貼上了總督衙門的封條。

海瑞聽差役報告後不慌不忙地說：「知道了。把他們安置在官驛住下，按普通客人招待。」說完，他繼續看文件，並沒去迎接胡公子。

胡公子一行來到驛站，見沒有人出來迎接，已是一肚子氣。再一看，擺上桌的是極普通的飯菜，這下子惹得胡公子大怒，認為是故意怠慢他，對他不敬。胡公子掀翻了飯桌，喝令隨從把驛吏綑起，吊在樑上用鞭子抽打。

海瑞接到報告後決意要教訓一下這位胡公子，他想出了一個絕妙的主意。他帶上衙役趕到驛站，先察看了胡公子帶來的十幾箱私貨，大聲喝道：「你們是哪兒來的強盜，竟敢冒充胡總督的公子，盜用總督官衙的印鑒裝運私貨！」

胡公子被海瑞的威嚴鎮住了，因為用總督衙門的

印鑑打封條運私物是違反國法的，所以他結結巴巴說不出話來，海瑞下令把胡公子和隨從們統統抓起來，押回縣衙立即升堂審訊。

胡公子口口聲聲稱自己是貨真價實的胡總督之子，但海瑞一口咬定他是假冒的，還把從胡公子行李中搜出的幾千兩銀子全部充公，分二十兩給被吊打的驛吏養傷；又親自給胡總督寫了封信，說：「大人曾巡視各地，命令州縣要節儉行事，不得鋪張浪費。今有個姓胡的人，自稱是你兒子，嫌淳安招待不周，毒打驛吏。這與您的指令不符，一定是假冒的。現將所有人犯全部捉拿歸案，請總督大人審理。」胡宗憲讀了信又氣又惱，但又不宜聲張，只得把兒子大罵一頓了事。

還有一次，朝廷的**都御史**①路過淳安，這位大官還是嚴嵩的乾兒子，平時貪污受賄，十分驕橫。他在別處，地方官員都爭先恐後巴結他，但是海瑞卻只以簡單的四菜一湯招待。送行那天本來要有很多在岸上用繩子拉船前進的縴夫來拉都御史一行二十幾條的大船，但當

小知識

①**都御史**：中央都察院的長官，考察官員，專事監察、彈劾、建議之職。

時正是農忙季節，海瑞沒有徵派百姓，而是率領一批縣府官員到江邊為京官拉縴，弄得都御史十分尷尬，但又不能責怪海瑞怠慢自己，只得忍氣吞聲速速離開。

嚴嵩失勢後，海瑞被調到京城任職戶部主事，即各部司官員中最低的一級。他看到朝廷腐敗、世宗昏庸，非常痛心，憤然提起筆來向皇帝上書直諫。他在奏章中尖銳地指出：「皇上二十多年不理朝政，法紀鬆懈，吏治敗壞，財政崩潰，國貧民窮。嘉靖嘉靖。真的是家家都窮到淨！天下百姓都不滿陛下，希望陛下翻然悔悟，改正錯誤……」

海瑞知道這封上奏會得罪皇帝，自己是必死無疑的了，但求世宗能因此而清醒過來治國，自己雖死也無憾了。所以他呈上奏章後，回家買好一口棺材，遣散了僕人，準備隨時被捕處死。

世宗讀了海瑞的奏章後果然大怒，下令把他抓入獄內，本要處死他的，宰相徐階很器重海瑞，想救他一命，告訴世宗說海瑞已準備了後事，處死他反而是成全了他的美名。世宗也顧忌人們說他聽不得逆耳之言，就免了他一死。這位不貪名利不怕死的清官海瑞，從此聞名全國。

13. 醫藥之王李時珍

　　明朝出了好幾位出類拔萃的人物，如上面提到的劉伯溫、鄭和、況鐘、于謙、戚繼光、海瑞等人，這裏要介紹的是一位曠世名醫李時珍，以及他傾畢生心血寫成的醫學巨著《本草綱目》。

　　明世宗在位時不理政事，盡情享樂，同時又擔心這樣的好日子過不長，便千方百計尋找「長生不老藥」，妄想使自己長命百歲。他一方面有**方士**①在宮裏「**煉丹**②」，另方面下令各地官吏向朝廷推薦名醫。當時封在武昌的楚王為了討好朝廷，就把楚王府醫官李時珍推舉給皇宮**太醫院**③。

小知識

①**方士**：古代稱從事求仙、煉丹的人。

②**煉丹**：道教的法術之一。丹即丹砂。原指將朱砂於爐火中燒煉。以靜功和氣功修煉精、氣、神的，叫內丹。用爐火燒煉藥石的叫外丹。

③**太醫院**：官署名，掌管醫療，主要為宮廷服務，長官稱院使，下設御醫、吏目、醫士等數十人，分幾個科。

李時珍是湖北人，出身在醫生世家，他的祖父和父親都是當地很有名氣的醫生。李時珍從小跟在父親身邊看他診治病人，幫父親抄寫藥方，又隨父親上山採藥，學了不少醫學知識。而且李時珍從小體弱多病。吃下不少藥，他深深體會到病痛之苦，決心長大後當一名醫生，治病救人。

　　但是在當時，醫生被認為是下九流的職業，是被人瞧不起的。李時珍的父親希望李時珍好好讀書去應考科舉。十四歲那年李時珍果然考中了秀才，但是後來去參加舉人的考試卻失敗了三次。再說李時珍也不喜歡寫八股文應付科舉試，他不熱衷於混在名利場做官，而是一心想當一名醫生。他父親見他實在是喜歡醫學，便盡自己所能傳授給他。

　　李時珍很好學，他閱讀歷代的醫藥書，發現其中有很多疏漏甚至錯誤之處，比如把不同的兩種藥說成是同一樣東西；或是同一種草藥卻說成是兩種不同的東西；又比如水銀本是有毒的，有些書上卻說它是無毒的，甚至說長期服用可以成仙等荒謬的話。李時珍就立志要寫一部藥書，包括天下所有的草藥和藥方，改正歷代藥書中的錯誤，以免延誤病情危害病人。

李時珍把這想法告訴父親，父親十分讚賞他的想法，但又嚴肅地對他説：「要寫出這樣一部藥書不是件容易的事，一定要精通醫術。首先，你要成為一名好醫生，積累豐富的經驗。」

　　李時珍覺得父親説得很對，便一心一意跟父親學醫，從治病最基本的「**望、聞、問、切**①」四個方法學起，同時又從古代醫書中學習前人治病的經驗。他的醫術越來越進步，名氣越來越大，甚至超過了他的父親。

　　有一年，李時珍的家鄉發生水災，洪水過後瘟疫流行了起來。貧病交困的百姓都來找李家父子看病。李時珍家裏也不富裕，但是父子倆都很同情窮人，盡心為他們免費醫治，百姓們都十分感激他們。

小知識

①**望、聞、問、切**：中醫診斷疾病的方法。望，是觀察病人的發展情況、面色、舌苔、表情等；聞，是聽病人的説話聲音、咳嗽、喘息，並嗅出病人的口臭、體臭等氣味；問，是詢問病人自己所感到的症狀，以前所患過的病等。切，是用手診脈或按腹部診察有沒有硬塊等，通常這四種方法一起使用，叫做四診。

有一次，楚王的小兒子得了一種怪病，手腳亂抽，神智不清，吃了一個道士的金丹反而更嚴重了。有人建議請李時珍來看。李時珍看看孩子的臉色，再一**號脈**①，知道是腸胃病引起的**抽風**②，就開了個調理腸胃的藥方，三劑藥一吃，孩子就歡蹦活跳完全好了。楚王十分欽佩他的醫術，留他在楚王府當醫官。不久，就把李時珍推薦到朝廷去。

　　李時珍到了北京，他並不喜歡當官，可是在太醫院裏可以讀到先秦以來的各種珍貴的醫學著作，這使李時珍欣喜若狂。他就充分利用這有利條件大量閱讀，而且他在宮裏也有機會見到一些外國進貢的珍貴藥材，豐富了他對藥材的知識。可是，當時的明世宗並不重視醫學，而是迷信一批騙人的方士在宮裏作道場煉金丹；朝廷內又是小人當道壓制忠良，正直的李時珍看不下去了，一年後就辭官回老家去。

小知識

①**號脈**：也叫診脈、按脈、把脈。醫生用手按在病人腕部的動脈上，根據脈搏的變化來診斷病情。

②**抽風**：手腳痙攣、口眼歪斜的症狀。

回家途中，李時珍遊歷了很多名山勝地，他去了湖北的武當山、江西的廬山、江蘇的茅山及以安徽、河南、河北等地，他不是為了遊玩，而是去採集了各種草藥標本，研究它們的藥用價值。在武當山上，他聽說那裏出產一種叫榔梅的仙果，能使人返老還童。

李時珍不相信真有此事，為了弄清真相他不顧危險去攀登懸崖峭壁採到了榔梅。帶回家研究後才知道那不過是一極普通的梅子。

回到老家後，李時珍花了整整二十七年的時間寫成了著名的醫藥巨著《本草綱目》，此書有十六部，五十二卷，共一百九十多萬字。書中收集了一千九百二十二種藥物，其中二百七十四種是他新增添上去的。他對每一種藥物都清楚記下了它的產地、形狀、顏色、氣味、特性、以及採集法、製作過程和使用方法。書中還記錄了治各種病的一萬一千多個藥方，配以一千多幅插圖，圖文並茂、精確實用。

可惜的是，李時珍寫完書後不久就去世了，沒能看到它出版。後來他兒子把此書獻給朝廷，主持朝政的張居正發覺了它的重要價值，立即下令出版，流傳全國，數十年間翻刻了三十多次，而且很快傳到日本、朝鮮和越南；十七、八世紀時被譯成英、德、法、俄和拉丁文，傳到歐洲。英國生物學家達爾文在寫《人類的由來》一書時也曾引用過《本草綱目》裏的論述，《本草綱目》被譽為古代藥物學的百科全書。

趣談李時珍

關於這位曠世名醫李時珍，還有一些有趣的故事：在小街小巷，有些人家會在門口地上倒一些中藥渣，有人說這是病人家屬希望路人走過時踩踏這些藥渣，病人就能很快痊癒。但也有一個民間傳說，指李時珍曾經在山中為一頭老虎醫好了一個已經潰爛化膿的大傷口，老虎為了報答他，次次陪他出診，守在病人家門口要送他回家。為了不使村民受到驚嚇，李時珍就告訴老虎不必在病人門口等他，只要看見哪家門口有藥渣，就知道他在裏面就診，若想見他就這時才來到。後來李時珍覺得一頭大老虎經常出現在村裏還是不好，就叫老虎不必再來了，但自此病人把藥渣倒在門口就成了習慣流傳了下來。

另外，李時珍在查訪收集草藥的過程中虛心向每一處的農夫、漁民、樵夫、獵人、老人請教，譬如老農告訴他「芸薹」就是普通的油菜，獵人告訴他老虎血能壯神強志，老中醫告訴他有八十多種治療蛇毒的草藥，藥農親自帶他去山上挖掘茯苓……他的《本草綱目》可說也是匯集了民間的智慧而寫成的。由於這本醫藥巨著，1951 年在維也納舉行的世界和平理事會上李時珍被列為古代世界名人。

14. 治國功臣張居正

這真是一件富有諷刺意味的事：明世宗一心要尋找長生不老的仙藥，結果他非但沒有長壽，也沒有成仙，反倒是因為服用了太多的丹藥而中毒身亡。世宗的兒子穆宗即位，他是位好皇帝，一心想振興日益衰亡的國家，於是他任用賢臣，提拔海瑞當了**巡撫**①，又把張居正選入內閣做了大學士。

張居正是位眼光遠大、很有見識的政治家。世宗在位時，張居正曾經在翰林院工作了七年，因為奸臣嚴嵩當權，排斥有理想有才能的人，張居正的抱負實現不了，就辭職回家閉門讀書。穆宗登基後重用人才，便又召他進京委以重任。

張居正是位歷史上少有的治國人才，他認為要振興明朝就要從政治、經濟、軍事等多方面進行改革，穆宗很支持他的主張，但是當時內閣首輔是狂妄驕橫的高拱，暗地裏妒忌和排擠張居正，使他的改革沒能付諸行動。

穆宗當了六年皇帝就病死了，臨死前他把十歲的兒子朱鈞託付給高拱和張居正幾個大臣，要他們輔佐小

皇帝直至他長大成人。後來高拱因與太后及太監不和而被罷了官，張居正當了內閣首輔，他知道實現自己政治抱負的機會來了。

張居正是個很有心計的人，他知道要實現改革，首先要鞏固自己的地位和權力，而最重要的是要能把小皇帝掌握在手，培養他成為好皇帝。所以張居正親自擔任小皇帝的教師，教他讀書知禮，勸他要勤奮不要貪玩、要節儉不要奢侈，為他親手編繪了歷代皇帝治國的故事一百個，教他懂得國家大事。張居正對小皇帝神宗十分嚴格，一有錯就立即責備。神宗在**經宴**②上讀書讀錯了字，張居正會當着眾大臣之面大聲糾正他，神宗早上睡得正香甜，張居正會毫不客氣地叫醒他起來唸書。皇太后很讚賞張居正對兒子的管教，每當神宗不聽話時，她就説：「要是張先生知道了，看你怎麼辦？」因

小知識

①**巡撫**：古代官名，明代稱臨時派遣到地方巡視和監督地方民政、軍政的大臣。

②**經宴**：講經的聚會。張居正每十天一次當着一羣大臣面前給神宗講解經書，講經結束後舉行宴會招待眾臣。

此神宗很懼怕張居正，凡是張居正建議要做的事，他都表示同意。

張居正教導神宗十年，在此期間他有太后和神宗作後盾，滿朝大臣也都敬畏他，所以他十分順利地推行了他的新法。

針對當時國家的各種弊病，張居正着重在整頓吏治和改善經濟方面進行改革。他建議皇帝要嚴整貪官污吏，任人唯賢，他說：「任用人才要看他的品德和辦事能力，不能只講資格。確實德才兼備的人要用而不疑，不管別人如何誹謗也別動搖。」他制定了「**考成法**①」懲辦壞官提升好官，使很多人才得到了效力國家的機會，他又裁減政府機構中的冗員，不使人浮於事。在他執政期間吏政比較清明，政策法令得到較好的實施。

張居正的變法中成效最大的是推行「**一條鞭**②」法。他派人在全國丈量土地，查出官僚皇族私用二百多萬頃，徵收了賦稅；並減少了百姓的賦稅，使百姓生活較安定。這樣一來增加了國庫收入，糧倉裏儲糧一千三百萬石，積銀七百萬兩，可供政府十年的開支。國家和百姓從改革中得益，都誇張居正是個好官。

在此期間，北方的**韃靼**③人屢屢侵犯邊疆，張居正

調派平倭英雄戚繼光去鎮守**薊州**④一帶。戚繼光一方面整頓軍隊，另方面在長城上修築堡壘，改良武器，發明了抗禦騎兵的**拒馬器**⑤，大大提高了部隊的戰鬥力，接連打敗了敵軍，韃靼人被迫求和。至明朝末年，北部邊疆平安無事，這也是張居正善於用人的結果。

張居正的改革得罪了不少大小官吏。張居正自己就對友人說過：「我這幾年來大刀闊斧的改革，跟人家

小知識

①**考成法**：規定對政府官員要定期考試，不合格的就降職甚至罷官，對合格的官員給予獎勵並升職。

②**一條鞭**：是一項關於徵收賦稅的法律，把賦稅與勞役合併為一，按地折成銀兩上交官府，官府再用銀僱一批人來做工。

③**韃靼**：古時漢族對北方各游牧民族的統稱，明代專指東蒙古人。

④**薊州**：古軍鎮名，明朝九處邊防之一，範圍相當於今河北長城內，東起山海關、西至居庸關，及天津市以北一帶，是防禦重鎮。

⑤**拒馬器**：一種可移動的障礙物，古時用以防騎兵。用圓木交叉連接成架，四周張設帶刺的鐵絲，有菱形、矩形和三角形。用以堵塞道路，阻止敵方人馬車輛的行動。

結下了不少過節，那些小人一定都在算計我！」朋友們勸他要多加小心。張居正説：「我決不會放棄改革的決心，即使明知前面有很多陷阱，會樹立很多敵人，我也不會退縮！」

萬曆十年，張居正不幸病死。對他懷恨在心的人乘機攻擊他，給他編造各種罪名。神宗自小對張居正的嚴厲管束產生了反叛心理，現在就乘機報復，抄了他的家，張居正的子孫也受到牽連，結局很慘。從此明朝就一步步走向滅亡了。

張居正曾一度挽救走下坡的國勢，是位傑出的政治家。曾有人説，歷史上只有諸葛亮和王安石二人才勉強可以與他相比。我們讀明朝的歷史，千萬不能忘了這位治國功臣。

15. 努爾哈赤的故事

張居正死後，二十歲的明神宗親自執政。他揮霍無度，又懶於理政，把以前老師張居正的教導完全拋到腦後，因此國家又走下坡路了。

正在此時，東北女真族的一個部落——**建州女真**① 開始強大起來，出了一個傑出的首領愛新覺羅·努爾哈赤，你要記住這個名字，他是日後清王朝的開山鼻祖，清朝的歷代皇帝都是他的子孫。

努爾哈赤出生在建州一個顯貴的家庭，他的祖父和父親都是建州女真的首領，臣服於明朝，所以也是明朝的官員。努爾哈赤從小練就一身好武藝，騎馬射箭樣

小知識

①**建州女真**：明朝時東北的女真就是曾被元滅掉的金國女真人的後代，分為建州女真、西女真和野人女真三大部。建州女真在今遼寧新賓、渾河一帶，這裏土地肥沃，適宜農耕，又近漢地，因此建州女真發展較快，是最強大的一部。

樣精通。他常常到撫順**馬市**①上去出售獵物和人參，學會了漢話，接觸了漢人及漢族文化，這對他日後的事業幫助很大。

努爾哈赤二十五歲時，發生了一件不幸的事：建州女真族的一個酋長挑撥明朝軍隊攻打另一女真部落，努爾哈赤的祖父和父親在戰鬥中為明軍帶路，不幸被誤殺了。努爾哈赤得到這個消息後痛哭了一場，決心要為父輩報仇。那時他力量很小，不敢得罪明朝，只得先找那個挑撥事端的酋長算賬。

祖父和父親留給努爾哈赤的只有十三副鎧甲，他就以這十三副鎧甲起家，率領不足百人的隊伍南征北戰，勇不可擋，幾年後統一了建州女真。之後努爾哈赤又不斷擴大力量，經過三十年的艱苦奮戰，在他五十七歲那年統一了女真族各部。公元1616年，努爾哈赤即位稱**汗**②，定國名為金，正式脫離與明朝的隸屬關係。為了與過去的金朝相區別，歷史上稱為後金。

公元1618年，努爾哈赤召集**八旗**③首領和將士兩萬多人，高聲宣讀他所寫的《七大恨》，宣稱與明朝有七件大事結了仇恨，號召大家合力進攻撫順城報仇。在此之前，他已派出五十人扮作賣馬商人混入撫順作

內應。誓師完畢後，努爾哈赤把八旗兵分為兩路攻打撫順。

深夜裏，寂靜的撫順城裏忽然響起了**笳**④聲，這是潛入城內作內應的後金人發出的信號。頓時火光四起，殺聲震天，後金軍裏應外合攻佔了撫順，守將見敵人來勢兇猛，沒有抵抗就投降了。努爾哈赤命令部下把城裏的糧食物資搶劫一空運回去，臨走放火燒了撫順城。

小知識

①**馬市**：唐朝時開始建立，由政府用金帛或茶葉、米、布、鹽等物品向少數民族換馬的市集。明末隆慶年間，在東北撫順、清河一帶開設了多處，供漢人、女真人、蒙古人在此交易。

②**汗**：也稱可汗，古代鮮卑、突厥、回紇、蒙古等族最高統治者的稱號。

③**八旗**：旗是女真族的一種行政單位，也是一種軍事組織。努爾哈赤把部隊分成八部分，分別用紅、黃、藍、白、鑲紅、鑲黃、鑲藍、鑲白這八種顏色的旗幟作為八個隊的標誌，後人稱之為八旗軍。

④**笳**：也叫胡笳，中國古代北方民族的一種樂器，類似笛子，有三孔，木製，兩端彎曲。

消息傳到京城，明神宗大為震驚，決心全力鎮壓。他派兵部侍郎楊鎬為總指揮，率領十萬人馬，由四位總兵官各領一支部隊分四路進軍遼東；又下令三次增加全國每畝耕地的賦稅，以籌軍餉。可是，楊鎬本來是個文官，不懂打仗，卻又眼高手低，低估了努爾哈赤的實力，又不肯採納部下提出集中兵力攻敵的建議。另外，多名將領貪生怕死，遲遲不赴任，軍隊調集不齊，兵餉籌集不到，武器殘舊又不足。後金軍雖然只有六萬多，但努爾哈赤沉着應戰，絲毫沒有懼意。他安慰部下

說：「別怕！明軍分路進攻，正是天助我也！不管他幾路來，我就是一路去，把他們一路一路地消滅！」

　　努爾哈赤首先率領精銳部隊去攻打杜松率領的中路明軍。中路明軍在撫順附近的**薩爾滸**①山紮營後，杜松親自帶部分人馬去攻打東北面的界凡。努爾哈赤趁機先殲滅了薩爾滸的明軍，再前後夾攻界凡附近的杜松軍，兩萬明軍被團團圍住沒法衝出去，統統倒在後金軍的箭雨之下，杜松本人也身中多箭陣亡。

小知識

①**薩爾滸**：原是女真一個部落名，後成地名，在渾河和蘇子河會合之處。

聽説主力部隊被殲，其餘各路明軍更喪失了鬥志，努爾哈赤又順利消滅了北路明軍，主帥馬林也換上士兵服逃跑了，南路軍在一座峽谷裏中了埋伏，主將劉鋌自殺殉國，部下就紛紛投降。三路明軍失利，楊鎬就急令第四路軍返回，總算保全了這一支明軍。前後五天的薩爾滸大戰中，十萬明軍被殲四萬五，將領也死了二百多人，大傷元氣。

　　之後，後金軍步步進迫。三年後，努爾哈赤又帶兵攻佔了遼東重要據點瀋陽和遼陽。公元1625年，後金遷都瀋陽，從此成為明朝最大的威脅。

　　後來到了清朝中葉，乾隆皇帝派人在薩爾滸山上刻了一塊臥碑，碑文是他親自撰寫的。碑文中説：「清朝開國的基業始於此次戰役。」他確實是説對了，之後的明朝一蹶不振，最終為清朝所代替。

16. 反間計冤殺名將

經過薩爾滸一役，努爾哈赤看清了明朝不堪一擊的真面目，便加緊了對關外各地的進攻。不久，遼河以東七十多座城池都被後金佔領了。

消息傳來，朝廷一片慌亂。關外形勢危急，派誰去抵抗後金軍呢？掌管軍事的兵部衙門正在一籌莫展之際卻又有人來報告説，主事袁崇煥失蹤了，遍尋不穫，不在衙門也不在家裏，家裏人也不知他的去向，真是件怪事。

幾天以後，袁崇煥回來了。原來他見前線戰情緊迫，獨自騎着馬到**山海關**①外去視察了。

袁崇煥詳細研究了關內外的形勢，胸有成竹地向朝廷説：「只要給我兵馬軍餉，我可以守住遼東。」朝

小知識

①**山海關**：在河北省秦皇島市，長城起點。明初置關戍守。北依角山，南臨渤海，聯接華北與東北地區，形勢險要，自古為交通要衝，有「天下第一關」之稱。

廷正因派不出人而發愁，見袁崇煥自告奮勇，真是求之不得。明熹宗就給他二十萬餉銀，要他負責督率關外的明軍。

　　袁崇煥是個愛國愛民的將領，年輕時讀了很多兵書，精通兵法。他曾在福建當過三年知縣，由於膽識過人，被調到京城在兵部任職。他眼看後金兵步步進迫，就要打進關內，就決意要為國出力保衛疆土。

　　袁崇煥上任後，在關外經過一番詳細的實地觀察之後，決定駐守寧遠。他認為只要固守**寧遠**①，就可阻止後金兵打入關內。於是他在寧遠築起三丈二尺高、二丈寬的城牆，架設了從京城運來的十幾門西洋大炮，使寧遠成為一座堅固的堡壘。袁崇煥又安置好流落而來的難民，安撫人心，又整頓軍紀，嚴辦違法亂紀者。當地軍民抗敵的信心大增，都十分愛戴他。

　　但是兵部新上任的庸官高第貪生怕死，竟下令關外的明軍要全部撤回。袁崇煥死不從命，說：「我的職守是防守寧遠，死也要死在山這裏，決不後撤。」高第只得答應袁崇煥帶一萬人馬留駐寧遠，而匆忙撤走了關外其他據點的明軍。

　　努爾哈赤見寧遠成了一座孤城，便於1626年六月

率領十三萬大軍大舉進攻。敵眾我寡。形勢險惡。袁崇煥咬破手指寫了份血書「捨身保國，死守寧遠」表示決心，將士們深受感動，也紛紛誓師與寧遠同存亡。

努爾哈赤率軍渡了遼河，直迫寧遠城下。他先派人來勸袁崇煥投降，說：「寧遠城已被三十萬大軍團團圍住，破城易如反掌。袁將軍繳械投降，將獲高官厚祿。」袁崇煥聽後大笑：「我是朝廷命臣，生是大明人，死是大明鬼，來此就下決心死守，哪有投降之理！」

第二天，努爾哈赤指揮攻城，後金兵頭頂盾牌，喊聲震天，攀梯而上；城牆上的明軍射箭如雨，擲礌石②和火藥罐，打退敵人一次次的進攻。次日，努爾哈赤發起更猛烈進攻，並下令兵士挖鑿城牆。袁崇煥親自督戰，下令動用西洋大炮向後金軍發射，炮火猛烈，後金軍傷亡慘重，努爾哈赤也被炮火擊傷，不得不下令撤退。這就是歷史上有名的寧遠大捷。

小知識

①**寧遠**：今遼寧省興城縣，西連長城，東北接錦州，面對渤海，是遼西走廊的咽喉要地，在明朝是一個商業繁榮、防禦堅固的關外重鎮。

②**礌石**：古代作戰時從高處推下以打擊敵人的石頭。

努爾哈赤退回瀋陽後十分沮喪，感嘆道：「我二十五歲起馳騁戰場，戰無不勝，攻無不克，沒想到卻攻不下小小的寧遠城！」他又氣又傷心，加上傷口惡化，幾天後就去世了。

努爾哈赤的兒子皇太極登上汗位。經過一番休整後於第二年五月率兵攻打錦州和寧遠，當地軍民上下一心，同仇敵愾，把後金軍打得大敗而歸。這時，袁崇煥受到朝廷奸臣魏忠賢的誣蔑陷害，一度辭職。熹宗死後，他弟弟朱由檢即位，就是明思宗，也叫崇禎皇帝。崇禎帝很想有所作為，除掉了魏忠賢，重新起用袁崇煥，並賜給他一口尚方寶劍，准許他全權行事。

皇太極打了敗仗，仍不肯罷休。他知道如不除掉袁崇煥，就達不到進軍關內的目的，於是在崇禎二年，皇太極率軍避開寧錦防線，從喜峯口繞到河北，直迫京城。這一着出乎袁崇煥的意外，他急急帶兵趕了兩天兩夜到了北京郊外，與後金軍展開激烈的戰鬥。但是京城裏卻流傳說此次金兵繞道攻京，是袁崇煥引進來的。這是皇太極故意放出的謠言，卻使崇禎帝起了疑心。

明朝有兩個太監被後金兵捉去後關在牢裏。一天晚上，他們聽到兩個看守金兵在外面輕聲交談說：「剛

才袁將軍派人來與皇上談了半天，他們之間早有密約了。」另一個說：「看來大事就要成功了！」之後，守兵裝作放鬆警惕，走開了一會。兩個太監趁機逃了出來，跑回皇宮向崇禎皇帝報告袁將軍「通敵」的情報。與此同時，另有兩名「奸細」被抓，招供說曾為袁將軍帶信給後金軍，後金軍都知道袁將軍要謀反等。

崇禎聽後大怒，立刻召見袁崇煥，以叛國大罪逮捕入獄。皇太極見目的已達到，便滿載戰利品返回瀋陽，京城得以解圍。

一些奸臣趁機誣陷袁崇煥，昏庸的崇禎帝篤信不疑，第二年居然把袁崇煥處以極刑，並且抄了家，家人被流放。這位一心衛國的愛國將領竟蒙受叛國投敵的奇恥大辱，含冤慘死，真是明朝的一大悲劇。明朝失去這位棟樑之材，也就維持不了幾天了。

聽說，皇太極使用的這個**反間計**①，是他熟讀了《三國演義》之後從周瑜身上學到的呢！

小知識

①**反間計**：原指利用敵人的間諜使敵人獲得虛假的情報，後專指用計使敵人內部不團結。

17. 後宮三大案

明朝末期，朝廷內部政事混亂，外部又有後金入侵的威脅，國家岌岌可危。正在此時，後宮又連續發生三件大案，這三個案子分別發生在三個皇帝在位期間，實質是圍繞着皇帝寶座的一場爭奪戰。

第一個案件叫「梃擊案」。梃，即木棍棒。萬曆四十三年（即公元1625年），一個瘋瘋癲癲的中年漢子手持一根堅硬的棗木棒，竟然闖進皇太子朱常洛的慈慶宮，見人就揮棍亂打一通。他打傷了守門的太監，直往裏面衝，差一點進入太子的臥室，被及時趕到的衞士抓了起來，押在牢裏。惡漢手持凶器闖入太子宮，這還了得？萬曆帝着令刑部嚴加審訊。事後審訊時，主審官一口咬定這打手是個瘋子，要按法處斬。但這案有很多疑點：一個普通村民怎能輕易地闖入內宮？為什麼還沒審理清楚就要急急把他處死？一些大臣要求查個水落石出。經過嚴刑拷問，這個叫張差的打手終於供認道：「是兩位公公通過我三舅和外公逼着我幹的，他們給了我木棍，把我領進宮裏，叫我往裏走，見一個打一個，打了小爺，以後吃住都不用愁。」

張差的供詞掀起了軒然大波，他提到的兩個公公不是別人，正是皇帝的寵妃——鄭妃宮中的太監。

原來，萬曆皇的原配王皇后沒有生孩子，一名姓王的宮女為皇帝生了個兒子，就是長子朱常洛。但皇帝不喜歡這宮女，封她作了恭妃後就一直冷落她。後來萬曆皇寵愛一名姓鄭的妃子，鄭妃生了兒子朱長洵，萬曆皇大喜，封她為貴妃，並想立長洵為太子，但礙於自古以來「立長不立幼」的規矩，遲遲拿不定主意。滿朝大臣們急了，不立太子怎行？一旦皇帝出了事，豈不天下大亂了？於是大臣們一再上書要求立常洛為太子。萬曆帝直到常洛冠婚①之年，實在拖不下去了，才於萬曆三十九年宣布立二十歲的朱常洛為東宮皇太子。

如今發生了這椿擊案，很明顯是與鄭妃有關的。看來鄭妃是想謀害皇太子，讓自己的兒子當太子。但是萬曆帝和皇太子都不想深究此事，所以就以瘋癲奸徒的罪名處死了張差，又在內廷把兩個引路的太監打死，此案就算了結。

第二件是「紅丸案」，發生在太子常洛繼位成為光宗之後。三十九歲的光宗本來身體就很虛弱，又縱慾享樂，身體越來越糟。一天，他覺得肚痛頭痛，就召太

醫進宮。此時，一名姓李的官員手捧幾粒紅丸獻上，説是祖傳秘方製成，能除百病。光宗正值疼痛難熬之時，就服了一粒，第二天果然精神百倍。光宗很高興，又服了一粒，卻在半夜去世了，他只當了一個月的皇帝。一些正直的大臣都主張嚴查此案，但是鄭妃和太監在宮內的勢力很大，案子查不下去。繼位的熹宗也只好調停了事，只是把獻藥的官員發配去**充軍**②。這樣紅丸疑案就成了千古之謎。

第三件案子叫「移宮案」。光宗的正妃郭妃病死後沒有正宮皇后，他寵幸兩位**選侍**③，都姓李，分別稱為東李和西李。西李與鄭妃很親近，光宗去世後她就恃寵想當太后，便拖着十六歲的皇長子朱由校躲在皇帝住的乾清宮裏哭哭啼啼不肯出來，吵着要皇長子封她為太后，也不讓皇長子出來正式登位。

小知識

①**冠婚**：古代男子二十歲時加冠算是成年。二十歲時結婚叫冠婚。

②**充軍**：古代的一種流刑，把罪犯解送到邊遠地方去當兵或服勞役。

③**選侍**：妃嬪稱號，明代侍寢的宮女，地位較低，未有封號者稱為「欽命選侍」。

後來是皇長子的貼身太監王安硬是把皇長子拉出乾清宮來交給大臣們，大家前呼後擁把他送到東宮暫住，並定下登基日子。

　　李選侍還是賴在宮裏不肯走，還想逮捕左光斗等大臣，因為左光斗曾說過：「李選侍既非皇長子的**嫡母**①，又非生母，怎能佔居正宮？小心唐朝武則天之禍再重現！」

　　朱由校登位後就是熹宗，他不想封李選侍為太后，但又下不了決心趕她出來。李選侍總賴在乾清宮裏也不成體統，大臣們又聯合到東宮請願，要求熹宗遷回乾清宮。怎麼辦呢？又是貼身太監王安出了主意：「陛下可立即下詔逼迫李娘娘遷出乾清宮。」於是熹宗便下詔，令李選侍移宮。聖旨是不能抗拒的，李選侍又見大臣們羣情激昂，知道再要賴也沒用了，只得灰溜溜地搬出乾清宮，移居到了宮女住的地方，再也沒出頭之日了。移宮案也就此結束。

　　三件案子都發生在明朝末年，反映了宮庭內部爭權奪利的殘酷。可見當時朝廷腐敗的程度！

小知識

①**嫡母**：妾所生的子女稱父親的妻子為嫡母。

18. 不忠不賢的魏忠賢

　　一般作父母的都要給子女起個吉祥美好的名字，作子女的也盡力做得最好，以不辜負父母的期望。明朝本年有個宦官，皇帝賜給他「忠賢」之名，他卻不忠不賢，徒有虛名，是個遺臭萬年的十足壞蛋。

　　這個魏忠賢從小就是個流氓，吃喝嫖賭樣樣精。二十多歲時因為欠了一大單賭債償還不起，一下狠心閹割了自己進宮去當了太監。起初他只是個**小火者**①，但他看準小太子朱由校將來一定能當上皇帝，又聽說小太子很聽奶媽容氏的話，這個善於投機的魏忠賢就千方百計去討好容氏，與她打得火熱，由容氏把他介紹給小太子。容氏又一再在小太子前說他的好話，如此魏忠賢就一步步爬上去，小太子繼位後任命他為司禮監**秉筆太監**②，並賜名為「忠賢」。

　　一旦大權在手，魏忠賢就露出他陰險兇狠、貪得無厭的嘴臉。首先他和容氏串通，把提拔過他的老太監王安、魏朝兩人排擠出朝廷，又派人殺了他倆，掃除了自己官路上的障礙。

　　魏忠賢知道要鞏固自己的地位，就一定要取得小

皇帝熹宗的歡心。他就派手下人在全國各地搜羅奇珍異寶和新鮮玩藝兒獻給小皇帝玩，又在宮內引導小皇帝鬥雞玩狗，尋歡作樂。熹宗當時只是個十幾歲的少年，魏忠賢逗得他開心，他當然十分喜歡他信任他。熹宗手很巧，喜歡一個人靜靜地做些木工。魏忠賢就常常趁他在專心製作之時向他秉奏公文，熹宗往往不勝其煩地說：「知道了，你們處理吧！」如此魏忠賢便能以皇帝之名為所欲為。

魏忠賢在中央內閣六部及地方各級都安插了自己的親信爪牙。一些勢利小人見皇帝如此寵愛魏忠賢，便紛紛投靠他，有的還厚顏無恥地稱他作乾爹，魏忠賢就委以重任。當時的「五虎」文臣及「五彪」武臣，就是仗魏忠賢之勢橫行朝廷內外，而遭正直大臣痛恨的一羣走狗。除此之外還有什麼「十狗」、「十孩兒」、「四十孫」等稱號，這批人形成了以魏忠賢為首的一個

小知識
①**小火者**：內侍中最低級的一種，專事灑掃工作。
②**秉筆太監**：秉筆太監用朱筆記錄皇帝口述命令，再交內閣撰擬詔令頒發，是太監中權力最大的。

閹黨，完全把持了朝政，小皇帝僅是件擺設而已。

　　熹宗還讓魏忠賢督管**東廠**①，魏忠賢就通過它用高壓建立自己的威望，他把嘍囉廣泛分布在南北二京和十三個省內，查緝到有言話不滿魏忠賢的，都被捉拿甚至剝皮割舌，殺人無數。被抓進東廠的人沒有活着出來的，東廠在魏忠賢手中成了人間地獄。

　　在這極高壓專制的統制下，很多官民敢怒不敢言，一時壞人當道，阿諛奉承的風氣越來越盛。有個官員有次稱魏忠賢為「九千歲」，魏忠賢十分高興，大大獎賞了他。皇帝是萬歲，九千歲不是僅比皇帝差一點嗎？說明天下除了皇帝之外，最大的就是他魏忠賢了。因此魏九千歲的稱號就在全國傳開了。浙江一個巡撫在西湖邊為魏忠賢建了一個**生祠**②，供奉了他的塑像，讓官員們行禮叩拜。於是全國各地為魏忠賢建生祠成風，強佔土地、盤剝百姓，加重了人民的負擔，使民間的怨恨越來越大了。

　　朝廷裏一些憂國憂民的忠臣實在再也不能忍受魏忠賢如此胡作非為了。專門糾察朝臣風紀的左副都御史楊漣是個正直剛毅的人，熱切盼望皇帝能重振朝綱，使國泰民安。於是他決意冒死上奏。左僉都御史左光斗

是他的好朋友，支持他這麼做。楊漣很快就寫好一份奏章，裏面列舉了魏忠賢二十四條罪狀，包括侵奪內閣「票擬」聖旨的權力，排擠和害死正直大臣、太監和後宮妃嬪，安插親信等等。奏章到了司禮監，魏忠賢讀後嚇得汗流浹背，說：「好險啊，如果皇帝看到這些罪名，不殺我才怪呢！」他急忙和容氏及心腹一起密謀如何採取行動。

這天熹宗午睡醒來，看到魏忠賢和容氏跪在牀頭，淚流滿面，便奇怪地問：「兩位為何如此悲傷？出了什麼事嗎？」

魏忠賢一把眼淚一把鼻涕地哭訴：「皇上給我們作主！楊漣等人聯名上奏辱罵臣和皇上，竭盡造謠譭謗、挑撥離間之能事。臣忠心侍奉皇上多年，卻受到如此對待！」

小知識

①**東廠**：官署名，明成祖為鎮壓人民和官員中的反對派，於永樂十八年在京師東安門北設立，常以司禮監秉筆太監監領，從事特務活動，諸事可直接報告皇帝。

②**生祠**：古人為活着的人建立的祠堂。

熹宗叫他把奏章讀出來聽聽，魏忠賢避重就輕地讀了幾條，容氏在一旁幫腔罵楊漣他們是忌恨在心，所以聯合起來反魏忠賢，實際上也是對皇上重用魏忠賢不滿……

熹宗是信任他們倆的，就下令讓魏忠賢處理此事。魏忠賢立即把楊漣、左光斗等人逮捕入獄，嚴刑拷打。這事激起大臣們的公憤，有七十多大臣紛紛上書彈劾魏忠賢。魏忠賢氣急敗壞，一連抓了數百名大臣，以結黨營私、抗拒朝廷為名判他們統統都是**東林黨**①人，進行下一次大清洗。不到一個月，楊漣、左光斗等幾人已被打死在獄中。其餘大臣被迫辭職的、自殺的、被流放的、被趕回鄉下的……不一而足。代替他們的是魏忠賢的親信和一些趨炎附勢的小人，由這些人把持着政府各重要部門，朝廷自此無忠直善類！

小知識

①**東林黨**：明末以江南士大夫為主的政治集團。明神宗後期，名叫顧憲成的官員革職回無錫老家，與幾個志同道合之友在東門外東林書院內講學，議論朝政，主張實行改革，得到部分士大夫支持，被稱為東林黨。

熹宗做了七年皇帝，二十三歲時便去世了。他的弟弟朱由檢即位，年號崇禎，就是明朝最後一個皇帝明思宗，大家都叫他崇禎皇帝。

　　魏忠賢的後台倒了，他開始心虛了，主動下令停止在各地為他建生祠。崇禎皇帝早就痛恨魏忠賢這一伙，即位不久就罷了魏忠賢的官，把他趕出京城，並且逮捕和處死了他的一批爪牙心腹。魏忠賢知道自己的日子到了盡頭，畏罪自殺了，一代奸臣得到了他應有的下場。

19. 徐光啟傳佈西學

記得嗎？上面我們講到明朝將軍楊鎬率領的四路人車在薩爾滸吃了敗仗，幾乎全軍覆沒。消息傳來，滿朝文武大臣十分震驚，又很恐慌，擔心後金軍進迫京城。在這危急時刻，翰林院有位小官叫徐光啟的，三次上書皇上，自告奮勇要擔任練兵的工作，挽救國家危局。

這位徐光啟雖然只是一名小小的文官，卻是位能文能武，不可多得的傑出人才。徐光啟是上海人，出生在倭寇滋擾的年代。小時候他常聽父輩們講起當地沿海百姓反抗倭寇侵略的故事，暗下決心要鏟除倭寇保家衛國。他就讀了很多兵書，留心軍事形勢的發展，還研究如何改良各種火器。徐光啟善於動腦，凡事總愛獨立思考，推敲其中的道理，並且學以致用，把學到的知識運用和實踐，所以他後來成為一位傑出的大科學家。

這次徐光啟主動提出練兵強國的主張，神宗很賞識，便批准他到通州去練兵，還專門成立一個練兵衙門。但當時朝廷腐敗，根本不重視人才，也不積極加強國防力量。徐光啟要人沒人，要錢沒錢，上任後閒得沒事幹。招募來的新兵大部分是不中用的老弱殘兵，沒法

操練。他大失所理，只得辭職回家。七年之間，徐光啟在官場三進三出，三次得到官職，卻因奸臣當道而得不到重用，一事無成而卸職回老家。徐光啟雖有報國之心，但在當時無法實現自己的抱負。

仕途的不順利卻使徐光啟有更多的時間從事研究學問。三十五歲那年，徐光啟因為參加科舉考試路過南京。當時，第一批從歐洲來的**傳教士**①正在南京講道，其中有一個叫利瑪竇的意大利人，不僅講道講得好，還懂得很多科學知識，南京的一些讀書人都喜歡和他結交。徐光啟經過別人介紹，認識了利瑪竇，兩人成了好朋友。

中國的知識份子一向只尊崇儒家思想，只學儒家的經典學說，唯我獨尊。徐光啟從利瑪竇那裏聽到西方關於數學、天文、曆法各方面的自然科學知識，都是自己以前在古書上沒有讀到過的，他覺有很新奇有趣，從此他對西方科學產生了濃厚的興趣。

小知識
①**傳教士**：基督教會（包括舊教和新教）派出去傳教的人，他們宣傳基督教教義，勸人信教。

後來利瑪竇到了北京，向神宗贈送聖經、聖母圖，還有幾集新式的自鳴鐘。神宗對這些新鮮事物很感興趣，接見了利瑪竇，並留他在北京傳教。那時徐光啟在翰林院做官，就有很多機會接觸利瑪竇。他認為學習西方一些先進的科學，對國家的富強很有好處。他就拜利瑪竇為師，向他學習天文地理、數學測量、水利、武器製造等方面的科學知識。兩人在一起常常研究學問，切磋琢磨，互相取長補短，十分投機，彼此都很有收穫。

　　一次，利瑪竇告訴徐光啟說：「西方數學家都讀一本叫《幾何原本》的數學著作，那是古代希臘數學家**歐幾里得**①寫的一部重要著作。你也應該讀一讀，可惜要把它譯成漢文很困難。」

　　徐光啟聽了很感興趣：「既然這本書這麼重要這麼好，不管怎麼困難我都要把它翻譯出來介紹給本國人，希望您能幫助我。」

小知識

①**歐幾里得**：古希臘數學家，著有《幾何原本》十三卷，是世界上最早公理化的數學著作。

於是，徐光啟每天下午從翰林院下班後就到利瑪竇那兒，兩人合作翻譯《幾何原本》，由利瑪竇講述意思，徐光啟筆譯。花了一年多時間終於譯完前六卷，之後兩人又合作譯了測量、水利方面的一些西方科學著作，徐光啟成了介紹西方科學成就到中國的先驅者。

　　崇禎二年，一次由於**欽天監**①推算日蝕的時間不準，皇帝很生氣，要治**監正**②的罪。徐光啟知道此事後趕快去見皇帝，對他說：「這件事不能怪罪欽天監。因為他們是用以前的舊曆法來測算的，舊曆法已經很不準了，應該重修。」皇帝接受了徐光啟的意見，並委任他負責重修曆法的工作。四年以後，在徐光啟領導之下由集體編寫成的《崇禎曆書》問世，共一百三十多卷，書中結合中西天文學知識，使曆法的科學性達到新高。

　　徐光啟辭官回老家的時候，他在自己的田地上耕種實驗，研究農業科學。他把自己的研究成果寫成一部五十多萬字的巨著《農政全書》，書中對墾田、種植、土壤，水利、施肥、嫁接、農具製造、牧養、林藝等農業技術都有科學而詳細的記載，真正是中國古代的一部農業百科全書呢！

　　為了表彰徐光啟在科學上的傑出成就，崇禎皇帝

提拔他成了文閣大學士，這使他得到實現抱負，為富國強民大展宏圖的機會。可惜這機會來得太遲了，當時他已是七十多歲的老人，心有餘而力不足，就在當年的十月死在北京。

　　古為今用，洋為中用，要使本國的科學技術水平能得到提高，就一定要不斷學習和吸取古人和外國的經驗。徐光啟懂得這一點，也做到了這一點，他不愧是明代最優秀的多才多藝的科學家。

小知識

①**欽天監**：官署名，掌管觀察天象、推算節氣曆法，相當於現在的天文台。

②**監正**：也稱台官，相當於台長。

本章説到意大利傳教士利瑪竇向明神宗贈送聖經和聖母圖，那是不是基督教傳到中國的開端？

基督教傳來中國最早有一些傳說，如：於公元 65-70 年東漢年間，使徒多馬和巴多羅馬曾把福音帶到中國、印度等地，也有說當時羅馬皇帝迫害基督徒，部分基督徒逃到中國定居。又說明朝洪武年間曾在江西發掘出一個大鐵十字架，上面刻有讚頌基督的詞語，說明三世紀時基督教曾傳到中國。

但最早的確實記載是唐朝貞觀九年（653 年），敘利亞人阿羅本來到長安傳教，他帶來的是一種獨特的派別，叫景教，曾一度有所發展。但後來唐武宗篤信道教，禁止外來宗教傳播，就被迫停止了。

元朝時基督教再次較大規模傳入中國，在蒙古人和色目人中廣泛傳播，漢人中信徒不多。同時羅馬天主教也開始從歐洲來到中國，在北京和泉州等地吸納了一批信徒。

明朝嘉靖三十一年（1552 年）澳門耶穌會選派神父先學會漢語以便溝通。萬曆十一年（1583 年）耶穌會派來精通天文和數學的利瑪竇，獲得在中國長期逗留。他在中國建立了良好的聲譽，為日後其他傳教士來中國開啟了方便之門。

但是因為中國傳統文化與西方文化的差異很大，所以基督教在中國的發展很緩慢。一直到清末，大批傳教士入來傳教，在中國建立教堂、醫院、學校、孤兒院，開展慈善活動，傳播現代文明。

20. 千古奇人徐霞客

你一定很喜歡出門旅行，見識各地的風土人情，擴大自己的眼界吧！明末有一個人，一生都在各地旅遊，而且把自己旅途的所見所聞寫成了一部世界聞名的科學巨著，這就是徐霞客和他的《徐霞客遊記》。

徐霞客真是個很特別的人。他是江蘇江陰人，從小聰明好學。可是他不像其他孩子一樣老老實實地讀**四書五經**①，而是特別喜歡讀歷史，地理、遊記、**地方誌**②之類的書，常常把這些書壓在四書五經下面，偷偷地讀。他從這些書裏得到很多地理知識，一邊讀一邊思考：中國到底有多大呀？最高的山在哪裏？長江的源頭在哪裏？是黃河長，還是長江長？

小知識

①**四書五經**：四書指《大學》、《中庸》、《論語》、《孟子》四種儒家主要經典；五經指易、書、詩、禮、春秋五種儒家經書，科舉時代認為是文人必讀的書。

②**地方誌**：也叫方誌，記載某一地方的地理、歷史、風俗、教育、物產、人物等情況的書，如縣誌、府誌等。

徐霞客的家鄉就在長江邊上。每天看着滔滔江水一瀉千里，東流入海，他就總在想：古書上說長江起源於**岷山**①，那樣的話，長江就比黃河短，可是長江的水勢這樣猛、水量這樣大，它的流程會比黃河短嗎？他想，古書上說的不一定對，他要親自去作一番考察研究。

　　在那個時代，像他那樣聰明的讀書人都熱衷於參加科舉考試，希望考上後當官，功成名就，但徐霞客卻對考試做官一點也沒興趣，只希望有朝一日能出門去遊覽祖國的名川大山。可是他不敢對父親講，因為古板的父親一定不允許他這樣做的。所以他只能繼續閱讀那些地理書，編織着出外旅遊的美夢。

　　徐霞客十九歲那年。父親去世了。**守孝**②三年後，他打算外出旅遊。但是徐霞客是個孝子，很不放心他的年邁母親，所以猶豫再三。他母親是位很有見識的婦女，知道了兒子的志向後不但沒有阻撓他，反而鼓勵他說：「男子漢應該志在四方，你有這個志向我很高興。你放心去吧，家裏事不用操心！」

　　於是徐霞客開始了第一次旅行，他先到太湖、洞庭湖，登上東西洞庭山、泰山，遊了北京；又向南到浙江、福建，攀登了普陀山、天台山、雁蕩山等名山。每

到一地，徐霞客都要向當地人詳細詢問當地情況，把所見所聞記下來，一年之後回家一一講給母親聽。老人家聽了十分高興，竟不顧自己七十三歲的高齡，陪兒子一起去考察了家鄉附近的張公洞和善卷洞。當時岩洞裏沒有照明設備，道路也崎嶇不平，母子倆就用火把引路，在潮濕的山洞內摸索前進。

　　母親的榜樣更鼓舞了徐霞客，把母親送回家後他又繼續自己的旅程。這次他攀登了廬山、嵩山、華山、五台山、武當山，這些名山十分險峻，徐霞客憑着自己的膽量和智慧克服了一個個困難。這次旅遊歸來後不久，母親得病去世了。徐霞客在家守孝三年期間，整理了兩次旅遊中的筆記，並制定了下次旅行的路線。

　　崇禎元年，徐霞客再次踏上征途，無牽無掛的他這次在外旅行了十三年。他重遊浙江、福建等舊地，然後到了西南**邊陲**③。他的一項重要發現是找出了長江的

小知識

①**岷山**：位於四川、甘肅交界處。

②**守孝**：舊俗尊親死後，在三年服滿之前要穿孝服，停止娛樂和交際，不能外出，以示哀悼。

③**邊陲**：邊境地區。

源頭是**金沙江**①，而不是千百年來人們認為的岷江。他對廣西桂林七星岩經過考察後找出了十五個岩洞洞口的分布情況，竟和今天用科學儀器測出的數據大致相符。

徐霞客還最先考察了中國西南地區的**「喀斯特」地形**②，對這些石灰岩地貌的分布、分類、成因都作了準確的描述和科學的解釋，比歐洲人的研究早了一兩百年！

徐霞客在考察中採取科學求實的態度，凡事都要親自去實地看看，弄個水落石出。一次他來到湖南茶陵，聽說當地有個神秘的麻葉洞，深不可測，人一進去沒有再出來的。當地人認為洞裏有吃人的妖怪，都不敢進去。徐霞客用重金僱了個嚮導帶他上山去。快走到洞

小知識

①**金沙江**：長江上游自青海省玉樹縣巴塘河口至四川市宜賓市的一段，奔流在川藏邊境，水流湍急。

②**「喀斯特」地形**：即岩溶地貌，一些石灰岩經過千萬年水的沖蝕，形成石灰岩洞，洞內有石筍、石主、鐘乳石等各種各樣的石灰岩。喀斯特原為南斯拉夫亞得里亞海岸的一個高地，那裏有發育得較典型的岩溶地貌，故以其為名。

口時，那嚮導知道他不是來降妖的法師，嚇得逃跑了。徐霞客可沒有退縮，他舉着火把進洞。洞裏哪有什麼妖魔鬼怪，只有各種形狀的巨石和一股清澈的山泉。可能是以前有人進洞後不小心被石絆倒，便以為有妖怪作祟。徐霞客出洞後告訴驚呆了的人們：「麻葉洞裏十分美，根本沒有鬼怪，大家放心進去吧！」人們紛紛對徐霞客鞠躬跪拜，佩服他的勇敢和膽識。

徐霞客畢生精力都花在考察祖國的大好河山的事業上。他白天進行實地考察，晚上又不顧疲勞地寫下當天的見聞，留下了一大批珍貴的日記和筆記。後人把這些資料整理編成《徐霞客遊記》一書，這本書與一般文人學士遊山玩水後寫出的遊記作品不同，它是一部科學巨作，書中所寫到的地方範圍之廣、篇幅之長，及其科學上的準確性都是空前的。英國科技史學者李約瑟博士讀後感歎說：「《徐霞客遊記》讀來並不像十七世紀學者的東西，倒像是一位二十世紀野外勘測家所寫的考察記錄。」

這部凝聚着徐霞客畢生心血的書至今還具有強大的生命力。下次你去內地旅遊，記得把這本書找來讀讀有關的章節，也許會得到有趣的印證呢！

21. 張獻忠智取襄陽

　　崇禎年間，明朝大亂。境外，後金不斷入侵滋擾，皇太極把女真改稱滿州，並於崇禎九年（公元1636年）在瀋陽稱帝，國號叫清，自此更是對明朝虎視眈眈。境內，朝政黑暗，民不聊生。崇禎皇帝生性多疑，在位十七年間換用了五十個宰相，官吏互相傾軋，以權謀私；國庫枯竭，加重賦稅，百姓叫苦連天。

　　自天啟末年起，陝西省全境災荒不斷，陝北的災情尤為嚴重。延安有一帶久旱不雨，禾苗枯焦，百姓食草食樹皮，草和樹皮都吃光後就吃**觀音土**①，死人不計其數。但官府不顧百姓死活，依然催迫賦稅。人們忍無可忍，結伙反抗。有個叫王二的農民帶了幾百人衝進衙門殺了縣官，開倉分糧。各地農民看到了生存的希望，紛紛起義響應，較大的起義軍有十二家，其中最有號有力的，分別是北方的李自成和南方的張獻忠。

小知識

①**觀音土**：一種白色的黏土，舊時農民常用以充饑，吃後不能消化，無法排泄，常因此導致腹部膨脹下墜而死亡。

張獻忠本來也是陝西人，在老家組織了一支農民隊伍參加起義的行列。他個性剛強，加上足智多謀，很有軍事指揮才能，因此屢戰屢勝，隊伍發展到幾萬人，成為當時起義軍中最強勁的一支，人們稱他為八大王。

　　張獻忠打仗的一個特點是神出鬼沒，忽東忽西，千里轉戰。他這樣做為的是選擇敵人的薄弱環節下手，各個擊破，粉碎明朝軍想在中原圍殲起義軍的企圖。崇禎九年，張獻忠的部隊已有十萬人。但由於起義軍之間缺乏聯合部署，各自為政，不敵明軍的集中兵力圍剿，損失較大。張獻忠為了保存實力，在湖北假意接受朝廷招撫（即招安），但不接受明朝的官銜，保持部隊的獨立性。他休整部隊，學習兵法，一年多後東山再起，殺了五十多個貪官後再次加入起義行列。

　　崇禎皇帝聞訊大怒，任命兵部尚書楊嗣昌為督師專門圍剿張獻忠。楊嗣昌布置了**十面包圍**[①]的形勢想把張獻忠一網打盡。張獻忠摸清敵軍情況後，果斷地轉入明軍防守薄弱的四川，轉戰半年後又突然回師東向，兵鋒直指鄂中，使明軍東西奔波，狼狽不堪。在此其間張獻忠用計智取襄陽是打得最漂亮的一仗。

　　襄陽[②]地勢險要，歷來為兵家必爭之地，而且那裏

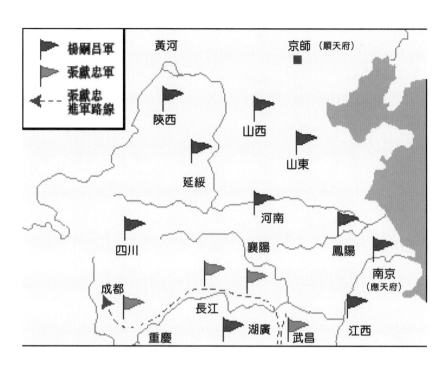

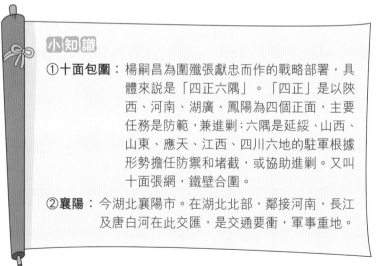

小知識

①**十面包圍**：楊嗣昌為圍殲張獻忠而作的戰略部署，具
　　　　　體來說是「四正六隅」。「四正」是以陝
　　　　　西、河南、湖廣、鳳陽為四個正面，主要
　　　　　任務是防範，兼進剿；六隅是延綏、山西、
　　　　　山東、應天、江西、四川六地的駐軍根據
　　　　　形勢擔任防禦和堵截，或協助進剿。又叫
　　　　　十面張網，鐵壁合圍。

②**襄陽**：今湖北襄陽市。在湖北北部，鄰接河南，長江
　　　　及唐白河在此交匯，是交通要衝，軍事重地。

糧草充裕，明軍又關押着很多起義軍將士及家屬，包括張獻忠的妻子。所以張獻忠雖身在四川黃陵，但時時都在考慮如何能攻佔襄陽。

一天，張獻忠正在伏案工作，一名親兵前來報告說，抓到了明軍的一個信使，從他身上搜出了楊嗣昌給襄陽城的**符節**①和信件，要求襄陽城加強防備。

張獻忠聽了大喜，心想機會來了。他便召集各參謀及將軍開會說：「這是天賜良機，我想利用這符節和信件詐取襄陽，大家認為如何？」

眾將認為這是一條妙計，但也有人擔心地問：「武陵離襄陽有三百里地，我們行軍會否被明軍察覺。另外，目前黃陵城西有明軍在進攻，形勢也很吃緊。」

張獻忠說：「我軍可以用精騎急行軍，估計一天一夜可到襄陽城下。我會留下足夠軍力守城。」

於是張獻忠精心挑選了一萬名輕騎兵，選用最快的馬，於第二天傍晚動身前往襄陽。張獻忠的部隊向來以行動迅速聞名，此次在他親自帶領下士氣高昂，將士們冒着正月的嚴寒，果真在一天一夜後趕到襄陽城外。

輕騎兵們手握武器，靜候在城門外。此時天色已黑，城門已緊閉，城牆上方閃爍着巡邏兵的幾盞燈籠火

光。假扮的明軍信使騎馬來到城下高喊：「我是楊督師派來的信使，有急件要給襄王。請快開門！」

　　城門上一陣紛擾，上幾隻燈籠同時向下照，一個長官喊道：「你先把符節給我驗一下！」從城門上吊下來一隻竹筐子，假信使把符節放入筐內。竹筐吊上去後不久，吊橋吱吱地放了下來，城門也慢慢地打開了。

　　假信使迅速策馬過了吊橋，拔刀砍倒兩個守兵。張獻忠帶領埋伏在黑暗中的輕騎兵順勢衝進了城。

　　守城的明軍想不到起義軍會自天而降，紛紛被砍倒在地。起義軍佔了城，活捉了襄王朱翊銘，釋放了被關在牢裏的被俘起義軍將士，張獻忠夫婦也得以團聚。張獻忠殺了襄王，又將襄王府的糧食、財寶都分給了饑民，共發放了十五萬兩銀子，百姓們歡聲雷動，八大王的名聲更大了。

　　至此，楊嗣昌的十面包圍計劃完全失敗，他自知會受處罰，畏罪自殺了。張獻忠後來攻入成都，建立了大西政權，自稱大西國王。兩年後張獻忠被叛徒出賣，中箭身亡。

小知識

①**符節**：古代派遣使節或調兵時用作憑證的東西，用竹、木、玉、銅等製成，上有文字，分成兩半，使者要呈交一半，合成無誤後才被信任。

22. 闖王李自成進京

　　明末眾多的農民起義軍中最強勁的兩支，一是張獻忠的部隊，另一支就是李自成率領的起義軍；李軍日後攻入北京，直接促使了明朝的滅亡。

　　李自成是陝西米脂人，農民出身，小時為大地主放羊，有空就練武功，反得身高體壯，力大無窮。二十一歲那年他加入軍隊，當了個小軍官，李自成性格剛強，為人善良，很受大家尊重。官府來的差役常常要李自成向農民收稅，李自成知道農民的日子不好過，能推掉就推，能頂住就頂，一次為了替百姓求情而挨了打，又有一次他向人借了債代百姓交稅。所以李自成在羣眾中威信很高。

　　崇禎二年，後金兵南下，京城受到威脅，就調李自成所屬部隊赴京。隊伍開到半途，兵士們因為領不到**軍餉**①而哄變，縣衙門派兵鎮壓，李自成帶領幾十名兵士殺了縣官和將官，投奔了舅舅高迎祥領導的農民起義軍。

　　當時高迎祥的勢力很大，他自稱闖王。年青的李自成勇猛堅強，辦事能幹，很快成了高迎祥手下一名闖

將，使高迎祥的部隊實力大增。

崇禎八年，官府見起義軍勢力越來越大，就命令陝西、山西等省巡撫合力圍剿起義軍。因此各路起義軍損失很大，最後被圍困在河南。為了衝破政府軍的包圍，高迎祥在滎陽召開了十三家起義軍七十二個營的軍事聯席會議，商討對策。會上大家意見紛紛，很多人懼於政府軍兵力強大，無心戀戰，主張退卻到陝西老家避避，也有的不同意，但拿不出好主意。李自成這時已是統領一個營的將領了，他從容地站了起來說：「我認為在現在的情況下只有大家團結一致、下定決心，才能衝出重圍。一個士兵有拚命，也能奮戰一陣，何況我們有十萬大軍！明軍貌似強大，實質上軟弱無能，我們聯合起來分頭出擊就可戰勝他們。」

大家都很贊同李自成的看法。經過一番討論，十三家起義軍分為五路互相策應、協同作戰。有的拖住敵軍，有的守住黃河天險，有的突圍挺進，有的負責策應，採取分兵活動、避實搗虛的反圍剿方針。這個戰略發揮了很大作用，打得明軍首尾難顧，狼狽不堪。高迎

小知識

①**軍餉**：軍人的薪俸和給養。

祥、李自成以及張獻忠的兩支部隊向東突圍，勢如破竹，十天內攻下了明朝的**中都**①鳳陽，挖了明朝皇帝的祖墳，放火燒了朱元璋做過和尚的皇覺寺，這一仗大大打擊了明王朝的氣焰。

崇禎皇帝又氣又惱，加強鎮壓起義軍。第二年高迎祥在陝西遭到政府軍伏擊，被捕犧牲，李自成由眾將擁戴作了闖王，由於政府軍重兵鎮壓，起義軍處境困難，潼關一戰中，李闖王幾乎全軍覆沒，他帶了數十名人馬逃了出來，躲在**商洛山**②中休整了一年多。

崇禎十三年，李自成又聚集起一支幾萬人的隊伍，並覓得李岩、宋獻策、牛金星三人為軍師和參謀，採用了他們很多好建議，如整頓軍隊、禁止殺害無辜、發放財物糧食於民等，李闖王的名聲越來越大。他率軍離開商洛，轉入河南，各地饑民紛紛響應。針對當時土地分配不均，糧差過重的情況，李自成提出「**均田免糧**③」的口號，贏得了民心，到處都盼望李自成的隊伍早日打過來。

李自成的軍隊以嶄新的姿態轉戰河南各地，軍紀嚴肅，對百姓秋毫不犯，並對明軍做**策反**④工作，很多明軍士兵在陣前倒戈，參加起義軍。

起義軍所向無敵，攻破洛陽；之後南下，不到一個月就幾乎佔了湖北北部。崇禎十六年，李自成擊潰數十萬明軍，攻破天險潼關，佔領了西安。第二年李自成以西安為西京，正式建立政權，國號大順，年號永昌。

接著，李自成率領一百萬起義軍渡過黃河，分兩路進攻北京，沿途明軍望風投誠，百姓夾道焚香相迎。三月間，兩支部隊在北京城下會師，城外的**三大營**⑤全部向起義軍投降。為了減少戰爭的禍害，李自成派人勸

小知識

①**中都**：明洪武二年，以太祖出生地區濠府為中都，七年，改府名鳳陽，即今安徽鳳陽。

②**商洛山**：在陝西省東南部。

③**均田免糧**：也叫均田免賦，李自成起義軍的政治口號。每到一地，起義軍鏟除地主惡霸，分田給農民，並宣布「三年免徵」或「五年不徵」的命令，並沒收政府官庫和官僚地主家產以充軍需。

④**策反**：對敵對一方進行宣傳鼓動工作，使敵方的人倒戈。

⑤**三大營**：明成祖時把京軍分為三大營，駐紮在城外，是衛戍北京最精銳的政府軍。

崇禎皇帝退位，遭拒絕後便下令攻城，戰鬥進行得十分激烈，城郊百姓也冒着生命危險幫起義軍築工事。起義軍攻破了外城後，接着進攻內成。

這時，崇禎皇帝登高一望，只見城內外火光衝天，人聲鼎沸，他知道形勢危急，便跑回宮裏拚命敲鐘，想召集官員來保護他。誰知那些官員們早就自顧自攜帶家眷逃命了，誰也沒來救他。崇禎知道末日已到，便逼皇后自殺，自己砍死了愛妃和女兒，然後跑到**萬歲山**①，在壽皇亭旁的一棵樹上上吊自盡了。統治中國276年的大明王朝於公元1644年就此壽終正寢。

戰鬥進行了整夜，黎明時分起義軍攻破內城，北京市民張燈結彩夾道歡迎李闖王進城，中國歷史就此又掀開了新的一頁。

小知識

①**萬歲山**：也叫煤山，是堆填出來的小山丘，據說山下堆過煤炭，故稱煤山。清順治時改稱景山，今已改建為景山公園。

23. 吳三桂引狼入室

大順李闖王進了北京，推翻了明王朝。可惜這個農民政權壽命很短。幾個月之後由於一員明將投降滿清，引清兵入關，就此改寫了中國的歷史。

李自成進京後在財務賦稅方面，實行「三年免徵」，這樣做對老百姓有好處。可是用什麼來維持政府和軍隊的龐大開支呢？

李自成知道前朝那些皇親國戚、貪官污吏平時搜刮民脂民膏，個個發了大財，便決定嚴懲他們一下。他下令對明朝三**品**①以上的大官都要追贓，要他們交出非法得來的贓款，拒交的處以重刑，罪大惡極的抓起來殺頭；對四品以下的小官則要他們自動捐款，然後授職錄用。這下觸犯了一大批官僚的切身利益，他們怎會心甘情願地把到手的錢財交出來呢？因此這些地主官僚對大順政權及李自成的起義軍十分仇視。

同時，起義軍的一些將領被勝利沖昏了頭腦，他們進了北京見到城市的繁華舒適，就滋長了貪圖享樂追求錢財的思想，忘掉了關外的清軍和南京的**福王**②。起義軍的一員大將在帶兵抄一個大官僚的家產時，見一位

女眷生得漂亮，便把她搶去據為己有。不料這件事卻種下了禍根。

　　原來，被抄家的大官名叫吳襄，他有個兒子叫吳三桂，饒勇善戰，是朝廷派駐山海關的總兵官，手下有幾十萬大軍防守在寧遠一帶擋住清軍。吳三桂雖駐在關外，家眷仍留在北京，被起義軍將領抓走的女眷就是他的一名愛妾，名叫陳圓圓。

　　有人對李自成說，吳三桂手握重兵，又是守扼在軍事重地山海關，要是能把他招降過來就好了。李自成覺得很對，就抓來了吳襄，要他親筆寫封信給吳三桂，勸他投降起義軍。李自成還派人帶着四萬兩銀子和這封勸降信去見吳三桂，許諾說若是他肯投降，父子都能封侯升官。

小知識

①品：古代官吏的等級，舊時以品級來區別官職，明清沿襲前代規定加以簡化，最高為一品，最低為九品，每品又分正從二級，共分十八級。

②福王：崇禎皇帝在北京自殺後，陪都南京成了政治中心，文武官員擁立明神宗萬曆皇帝之孫子福王朱由崧做皇帝，即南明政權的弘光帝。

吳三桂接信後很是猶豫。向農民起義軍投降，當然他是不願意的，但自己不是起義軍的對手，何況家產眷屬都在北京，也捨不得丟掉。既然李自成來招降，他就想去北京看看情勢再説。

於是吳三桂帶了一些人馬往北京走。走到半路上，見到一些從北京逃出來的人，聽他們説他父親吳襄被起義軍抓去拷打，家中被迫贓二十萬兩銀子，還被抄了家產；又説他的愛妾陳圓圓被起義軍將領擄了去……吳三桂聽得咬牙切齒，馬上改變了主意，立令回山海關，並要將士們換上縞素服飾，為崇禎皇帝弔喪。

吳三桂給家裏寫了封信，拒絕了李自成的勸降。

李自成知道後十分生氣，親自率領二十萬大軍去進攻山海關。

　　吳三桂知道以自己的力量去對付起義軍簡直是以卵擊石，保存自己的唯一辦法是請求滿清出兵聯合攻打起義軍。於是他也顧不得什麼民族氣節了，派人帶着他的親筆信去清營討救兵。

　　那時候的清朝，皇太極已病死，他的兒子福臨即位，即清世祖，也叫順治帝。順治帝當時才六歲，就由叔父多爾袞（粵音滾）攝政。多爾袞早就想完成父親努爾哈赤和哥哥皇太極的遺願佔領中原，但一直進不

了關。如今接到吳三桂的求援信，大喜過望，馬上回信表示同意，並告訴吳三桂說降清後可以封王。吳三桂果真投降，他打開關門，把多爾袞請到關裏，殺了白馬烏牛祭拜天地，訂立同盟。

　　眼看吳三桂引狼入室，李自成感到事情的嚴重性，趕快率軍從南面開到山海關，依山背海將山海關包圍了起來，老奸巨滑的多爾袞讓吳三桂打頭陣，清軍埋伏作策應。戰鬥初時，起義軍包圍住明軍，佔了上風。但是後來埋伏在陣後的幾萬清兵突然掩殺過來，起義軍猝不及防，亂了陣腳，等敗下陣來才發現對手是留著長辮子的滿清人，原來清兵已入了關。

　　李自成邊戰邊撤回北京，他深知目前敵強我弱，形勢不利，就決定退出北京，作長期抗清準備。他在皇宮裏舉行了登基稱帝典禮，第二天就率領起義軍撤往陝西。

　　兩天後，多爾袞帶著清軍耀武揚威地開進北京城，他對滿朝明朝文武臣將說：「我們大清軍是來替你們報君父之仇的。」他又裝模作樣地為崇禎皇帝發喪。一些因懼怕起義軍而逃到城外的地主官僚紛紛回家，按滿族人的習慣**剃頭留辮**①，做下大清臣民。

公元1644年十月，多爾袞把小皇帝順治從瀋陽接到北京，宣布以北京作為清朝國都。自此，清朝開始統治中國。

第二年，清軍兩路攻打李自成所在的西安，經過激烈戰鬥，李自成被迫放棄西安，在撤退到湖北的路上受到地主武裝的襲擊，李自成戰敗犧牲，那年才三十九歲。他死後，起義軍殘部在年輕將領率領下，在湖廣一帶堅持鬥爭了十幾年，才被清軍消滅。明末農民起義至此才最終結束。

小知識

①**剃頭留辮**：滿洲男子的習慣是把頭頂前面的髮剃光，後面留成辮子，工作時為了方便，常把辮子盤在頭上。

24.「揚州十日」慘案

多爾袞雖然遷都北京，但清朝的統治還未遍及全國，所以他就下令清軍南下，攻打**陪都**①南京。

自從崇禎皇帝自殺的消息傳到南京後，南京的大臣便立了福王朱由崧做皇帝，在南京建立了一個政權，歷史上把它叫做南明，把朱由崧稱為弘光帝。南明政權擁有淮河下游和長江以南廣大地區，而且掌握着五十萬大軍，實力尚厚，只要朝廷發奮圖強，還是可以有所作為的。可惜弘光皇帝是個迷戀酒色的昏君，形勢如此危急，他還過着花天酒地的享樂生活，朝政大權操縱在鳳陽**總督**②馬士英手裏，馬士英不是組織部隊抗清，而是打擊異己、擴充自己的勢力。兵部尚書史可法本就不同意擁福王為帝，就被馬士英排擠出朝廷，派去揚州督師。

史可法是個忠誠正直的人，很有才學，既寫得一手好文章，又具軍事才能。他曾拜左光斗為師，左光斗因彈劾魏忠賢而被捕入獄，史可法還曾冒險去探望他，卻被左光斗趕了出來，左光斗罵他說：「蠢才！這是什麼地方，你來做什麼？國家已經到此地步，我已經

完了，將來的事就全靠你們了，你幹嗎來送死？」恩師的榜樣深深教會了年輕的史可法，他立志做一名忠臣賢臣，效忠國家。

　　揚州是南京的門戶，是清軍攻打南京必經之地。史可法一到揚州就鞏固城防，加強戰備。揚州附近的**四鎮**③總兵都是驕橫跋扈的人，平日互相勾心鬥角，爭奪地盤。史可法把他們四位請到揚州府中設宴招待，語重心長地對他們說：「四位都是掌握重兵的國家大將，如今國難當頭，都要以國事為重，不要互相殘殺使**親痛仇快**④。」史可法畢竟是兵部尚書，又説得真摯懇切，句句在理，因此四位總兵表示願聽從史督師調遣，分頭在揚州附近協同防守。

小知識

①**陪都**：舊時在首都以外另設的一個首都。

②**總督**：明初在用兵時派往地方巡視監察的官員。

③**四鎮**：明駐在長江北岸的四支部隊，分別由高傑、劉良佐、劉澤清、黃得功四位總兵統率，兵力相等，互不相讓，叫做四鎮。

④**親痛仇快**：使親人痛心，使敵人高興。

清將多鐸率領清兵南下，一路上明軍望風而逃，清軍勢如破竹，直到揚州城下才遭到史可法和四鎮明軍的英勇抵抗。清軍受到挫敗，多鐸恨得咬牙切齒，只好先撤軍進行調整。就在此時明朝朝廷起了內訌。馬士英大權在握無法無天，竟至大賣官爵搜刮民財，搞得民憤很大。鎮守武昌的總兵官左良玉痛恨馬士英一伙的貪贓枉法，以「清君側」的口號發兵討伐馬士英。馬士英讓史可法調兵來抵擋左良玉。史可法派人勸說：「左良玉並不是真的要造朝廷的反，可是清兵一來，國家就要亡了，揚州的兵不能調走。」馬士英卻對弘光帝說：「清兵來了，可以議和；左良玉來了，我們還能活嗎？」馬士英硬是把四鎮明軍調回來對付左良玉，史可法為了平息內爭，也不得不帶兵回南京。剛過長江，就聽說左良玉在

半路上病死了，軍隊已經瓦解。史可法急忙回揚州，那時清軍已經迫近揚州，不久後就包圍了揚州城。

史可法發出緊急檄文，想調各鎮兵馬前來揚州守衛，但竟無人來救。史可法孤軍困城，知道只好依靠揚州軍民來奮戰了。

揚州的守軍不足一萬人。史可法召集全體將士在一起，激昂地說：「將士們，我史可法是大明子孫，寧可戰死，不願投降，大家願隨我死守揚州為國獻身嗎？」將士們振臂高呼：「死守揚州！」「寧可戰死，絕不投降！」史可法激動得熱淚盈眶。

多鐸很器重史可法，曾五次派人向史可法勸降，都被他一口拒絕。最後一次史可法下令將清使斬首示眾，以表明自己的決心，斷絕清軍勸降的念頭。

這下惹得多鐸勃然大怒，下令清軍不分晝夜輪番攻城。史可法分布了兵力防守各城門，自己帶兵防守最重要的西門。明軍在城門上用弓箭、檑木對付沿着雲梯攻城的清軍，城中老百姓也積極參戰，紛紛拆房挖牆，把檑木、礦石源源不斷運往城頭。軍民合作，一次次地打退了清兵的進攻。

戰鬥進行了十天，揚州城內的糧食越來越少，將

士們只能以草根、野菜充饑，史可法以身作則，與士兵們同食同戰，因此士氣仍是十分高漲。惱羞成怒的多鐸調來了西洋大炮猛轟揚州城牆，城牆漸漸塌下，終被轟開了一個缺口，清兵蜂擁而入。史可法長歎一聲：「天亡我大明江山！」舉起佩刀要自盡，被左右將士拉住，他們突圍不成，被清軍俘虜。

多鐸還想爭取史可法：「只要你願意歸順我大清，保你有高官厚祿，榮華富貴一輩子。」史可法豪邁地說：「我史可法生是大明忠臣，死也是大明忠魂。頭可斷，身不可屈！要我碎屍萬段也心甘情願，只是別傷害無辜的揚州老百姓。」

史可法慷慨就義。多鐸還不解恨，對百姓進行了瘋狂的報復。他下令清軍在揚州燒殺搶劫，整整十天內殺死了幾十萬人，城內屍積如山，血流成河，昔日繁華的揚州幾乎成了一片廢墟，這就是歷史上有名的「揚州十日」慘案。大屠殺後，人們遍尋史可法的屍體不穫，只好把他生前穿過的袍子和用過的笏板葬在城外的梅花嶺，這個衣冠冢保留至今。

揚州失守後，南京被清軍攻破。後來在江浙、福建、雲南等地陸續出現過幾個南明政權，但都成不了氣候，相繼被清軍消滅，清朝開始了對全中國的統治。

25. 鄭成功收復台灣

南京被清軍攻陷後，先後有明朝皇室的後裔在南方被擁立為帝，如唐王、魯王、桂王等，領導了一段時期的抗清活動。但到了公元1662年，這些南明小政權完全被清朝鎮壓下去了，明朝王國至此才完全結束。但有一位民族英雄鄭成功和他的子孫，曾成功地從荷蘭人手中收復台灣作為抗清基地，堅持獨立鬥爭二十二年！

鄭成功本名鄭森，是個能文善武、英俊有為的青年。他的父親鄭芝能是福州唐王手下的一名大官。有次鄭芝龍帶了鄭森去見唐王，唐王很賞識鄭森，認為他將來肯定能有所作為，便封他為**招討大將軍**[①]，改名為成功，並賜以皇家的姓——朱。能夠獲賜皇家姓是一種殊榮，因此後人都尊稱鄭成功為「國姓爺」。

一年後，清軍攻入福建，鄭芝龍見大勢已去，看風使舵，投降了清朝。當年二十三歲的鄭成功苦勸父親失敗，一氣之下跑到孔廟燒了自己身穿的**儒服**[②]，在廈

小知識

①**招討大將軍**：武職官名，掌管鎮壓民眾叛亂和招降納叛等事。

②**儒服**：指舊時讀書人身穿之袍褂、頭戴之方巾等。

門組織起一支幾千人的抗清隊伍，並宣布與鄭芝龍脫離父子關係，堅決抗清。廣西的桂王派人與他聯繫，封他為延平郡王，率領十七萬水軍北伐。

鄭成功的水軍打到南京。南京的守衛非常堅固，長江上有「**滾江龍**①」封鎖了江面，江邊還有「**木浮營**②」戒備着。清軍以為進犯的敵船一進長江，不是被滾江龍砸碎，就是被木柵後的大炮擊中，決無生還的希望。但是鄭成功卻有妙計：他派潛水人員乘黑夜潛入江中，用斧頭砍斷滾江龍的鐵鍊；又用大軍艦乘漲潮時猛衝木浮營，就此贏得了第一回合的勝利。

但是勝利後的鄭成功一時大意，誤信了清軍假投降的詭計，結果被埋伏的清軍突襲，打了敗仗，退回廈門。此時清軍已佔領福建的大部分地方，對鄭成功採取**堅壁清野**③政策。鄭成功招兵籌餉都很困難，就決定東征，收復與廈門遙相呼應的台灣作為今後抗清的安全基地。

明朝末年，歐洲的荷蘭人趁明朝腐敗無能，霸佔了台灣南海岸。他們向當地人租用一塊「牛皮大的地方」，結果卻是把牛皮剪成一條條連起來，圈了一大塊地，在上面建築城堡、設立教堂和學校，並向當地人收

取苛捐雜稅，成了殖民統治者。百姓們憤恨地稱他們為「**紅毛夷賊**④」。

　　荷蘭當局也估計到鄭成功想收復台灣，便派了代表團來見鄭成功。鄭成功故意調集數萬精兵依山布陣，又率領七千名鐵騎兵去迎接代表團，荷蘭使者見到鄭軍如此強大，不敢威脅訛詐，放下書信便回去了。

　　代表團中有個翻譯叫何廷斌的，悄悄來見鄭成功。他痛恨荷蘭侵略者，希望鄭成功早日去收復台灣。何廷斌還獻上一幅他精心繪製的台灣地圖，並表示願意帶路。

小知識

①**滾江龍**：指用粗鐵鍊把大樹幹鎖在一起，橫放在江面上阻止船隻行進。

②**木浮營**：用木船連成木柵，後面架着大炮陣地，可以轉移。

③**堅壁清野**：一種作戰方法，加固壁壘防禦工事，使敵人不易進攻；清理四野的財物，隱藏起來，使敵人無所收穫，沒法堅持下去。這裏清軍的具體作法是，要福建、廣東沿海百姓後撤四十里，界外的房屋全部燒毀，形成無人居住地帶。

④**紅毛夷賊**：因為荷蘭人有紅頭髮、綠眼睛、高鼻子，夷是外國或外國人的意思。

公元1661年，鄭成功率領三百五十艘戰船，二萬五千名將士，由何廷斌帶路，從荷蘭軍不設防的**鹿耳門**①港踏上了台灣島。

　　荷蘭軍發現鄭成功的船隊自天而降，立刻調動軍艦「鐵船」到海面上阻擊。鄭成功指揮六十隻機動靈活的戰船把「鐵船」團團圍住，再用小火艇衝向「鐵船」點火引爆，把「鐵船」一艘艘擊沉。

　　鄭成功的軍隊乘勝上岸砍殺荷軍，敵人守軍死傷無數，連荷蘭海軍司令官也被砍死了。接着，鄭成功全力攻打荷蘭殖民者的統治中心台灣城。這裏防務工事修

築得十分堅固，城上安放着二十尊大炮，設有多座瞭望台，城的四周築有城堡及護城壕，荷蘭軍稱之為「海上堡壘」。

　　鄭成功採取長期圍困的策略，在各堡壘間築起圍牆，斷絕了城裏的水和糧。荷蘭總督派人求和，說願出十萬兩白銀，請鄭成功退兵。鄭成功義正詞嚴地答道：「台灣原本是中國的領土，你們必須立即退出。如果你們賴着不走，我們就會把你們全部趕出去！」如此圍困了八個月之後，鄭成功突然發動猛攻，荷蘭軍饑渴交迫，無路可走，乖乖地扯白旗投降，離開了台灣島。

1662年2月1日，寶島台灣脫離了荷蘭三十八年的殖民統治，重又回到了祖國的懷抱。當地**高山族**①人民敲鑼打鼓，歡聲雷動，熱烈慶祝這一偉大的勝利。

　　鄭成功在台灣帶領百姓開墾農田，指導他們耕種，又實行官兵**屯田**②，從此台灣日益繁榮起來。鄭成功本想好好建設台灣，日後反清復明。可惜他積勞成疾，第二年就去世了，當時他才三十九歲。

　　鄭成功的兒子鄭經繼承父業，堅守在台灣。公元1683年，康熙皇帝派軍東征，把台灣收歸在大清的版圖之中。

　　台灣人民永遠紀念領導他們趕走外國侵略者的民族英雄──鄭成功。

小知識

①**高山族**：中國少數民族之一，是最早居住在台灣的民族。

②**屯田**：漢朝以後歷代政府利用兵士在駐紮的地區種地，或招募農民種地，這種措施叫做屯田。

美麗富饒的台灣，也稱作「寶島」、「福爾摩沙」等名字，也有人說應該寫作「臺灣」。台灣名字的由來原是怎樣的呢？

當年荷蘭人在台灣南海岸入境，聽到南台灣原住居民稱當地為 TAIOAN/TAIVOAN，便用此名稱呼該地，並隨漢人的音譯寫成漢字「大員」、「大苑」、「臺員」、「大灣」、「臺窩灣」等，用得多的是「大員」。但鄭成功在位時改稱為「東都」，他兒子鄭經統治時改稱「東寧」。後來在清朝以北京官話發音定為「臺灣」，並設置臺灣府。

臺灣另被稱為「寶島」（因物產豐富）、「鯤島」（外形似古代一種強壯的大魚，其名為鯤）、「蓬萊」（神話中的仙島）、「高砂」或「高山國」（古代日本稱法）、「福爾摩沙」、「福摩薩」等別稱。後面兩個稱呼源自葡萄牙語，聽說在 1544 年葡萄牙商船經過臺灣海面時，船上水手發現這個島很美，就高呼 "ILHA FORMOSA"，意思是「美麗之島」。在 1950 年之前「福爾摩沙」是歐洲國家對臺灣的稱呼，並長期稱臺灣海峽為福爾摩沙海峽。

臺灣是正式的書寫方式，「臺」是正體字，但與異體字「台」通用，如今民間一般都用「台灣」；但臺灣各級政府機構的檔一律使用「臺灣」。

大事表

明朝	
公元1368年（明洪武元年）	朱元璋在南京稱帝，建立明朝。
公元1369年（明洪武二年）	倭寇侵山東。
公元1376年（明洪武九年）	將行中書省改為承宣布政使司，全國分為十三個布政使司。
公元1380年（明洪武十三年）	殺胡惟庸，廢丞相制，朱元璋獨裁，六部直接聽命於皇帝。
公元1387年（明洪武二十年）	丈量全國田畝，編製魚鱗圖冊（戶籍、地籍）。
公元1397年（明洪武三十年）	頒行《大明律》。
公元1398年（明洪武三十一年）	明太祖去世，朱允炆即位，即為建文帝。
公元1399年（明建文元年）	建文帝削藩，燕王朱棣叛變，史稱「靖難之變」。
公元1402年（明建文四年）	燕王朱棣在南京即位，建文帝失蹤。
公元1405年（明永樂三年）	鄭和第一次出使西洋。
公元1407年（明永樂五年）	鄭和第二次出使。
公元1409年（明永樂七年）	鄭和第三次出使。

公元1413年（明永樂十年）	鄭和第四次出使。
公元1417年 （明永樂十五年）	鄭和第五次出使西洋。
公元1420年 （明永樂十八年）	明朝設東廠。
公元1421年 （明永樂十九年）	明朝遷都北京，南京改為應天府。 鄭和第六次出使西洋。
公元1424年 （明永樂二十二年）	永樂帝攻打瓦剌時死於軍中，宣德帝 即位。
公元1431年（明宣德六年）	鄭和第七次出使西洋。
公元1435年（明宣德十年）	英宗即位。
公元1438年（明正統三年）	在大同開馬市，與瓦剌交易。
公元1441年（明正統六年）	倭寇擾浙東。
公元1449年 （明正統十四年）	瓦剌首領也先進攻明朝，土木堡之戰 中明英宗被俘，後于謙立景帝。
公元1457年（明天順元年）	英宗復辟，殺于謙，史稱「奪門之 變」。
公元1459年（明天順三年）	韃靼侵北邊。
公元1460年（明天順四年）	明攻建州女真。
公元1478年 （明成化十四年）	開遼東的馬市。

公元1480年（明成化十六年）	倭寇侵福建。
公元1520年（明正德十五年）	韃靼侵大同。
公元1521年（明正德十六年）	正德帝歿，嘉靖帝（世宗）即位。
公元1527年（明嘉靖六年）	韃靼侵宣府。
公元1542年 （明嘉靖二十一年）	嚴嵩入內閣。
公元1551年（明嘉靖三十年）	開大同、宣府的馬市。
公元1564年 （明嘉靖四十三年）	東南沿海倭寇基本上被戚繼光、俞大猷肅清。
公元1572年（明隆慶六年）	神宗即位。
公元1583年 （明萬曆十一年）	建州女真的努爾哈赤舉兵。
公元1587年 （明萬曆十五年）	努爾哈赤征服南滿。 利瑪竇到南京傳教。
公元1601年 （明萬曆二十九年）	利瑪竇到北京傳教。
公元1611年 （明萬曆三十九年）	東林黨與閹黨激爭。
公元1616年 （明萬曆四十四年）	努爾哈赤建立後金政權。
公元1620年 （明萬曆四十八年）	光宗服紅丸而死。

公元1624年（明天啟四年）	荷蘭殖民者侵佔中國台灣。
公元1625年（明天啟五年）	後金遷都瀋陽。
公元1626年（明天啟六年）	發生寧遠之役。努爾哈赤負傷去世，皇太極即位。
公元1627年（明天啟七年）	崇禎帝即位。陝西白水縣王二起義，揭開了明末農民起義的序幕。
公元1628年（明崇禎元年）	張獻忠在陝西米脂起義。
公元1629年（明崇禎二年）	李自成在甘肅金縣起義。
公元1635年（明崇禎八年）	皇太極平定內蒙，後改稱女真為滿洲。
公元1636年（明崇禎九年）	皇太極改後金為清。
公元1640年（明崇禎十三年）	張獻忠攻陷四川各州，李自成率軍進入河南，提出「均田免糧」的口號。
公元1644年（明崇禎十七年）	李自成在西安市建立「大順政權」，張獻忠在成都建立「大西政權」。三月，李自成攻陷北京，明朝滅亡。吳三桂引清兵入關，清遷都北京。
公元1645年（清順治元年）	清軍攻陷揚州，史可法戰死，李自成自殺。
公元1646年（清順治三年）	清軍捕南明唐王，鄭芝龍投降。張獻忠被殺。
公元1662年（清康熙元年）	鄭成功率軍驅退荷蘭殖民者，收復台灣。

中國人的故事（共6冊）

學習名人品德與精神　幫助孩子步向成功

56位中國古今名人的成功故事

中國人的故事

認識中華文化的物質和成就
學習名人的品德和精神
放眼世界，提升自我

- 領袖和改革家的視野
- 發明家和工程師的努力
- 詩人和小說家的才華
- 名醫和藥學家的高明
- 將軍和兵法家的勇謀
- 現代科學家的毅力

新雅文化事業有限公司

適讀年齡
9歲或以上

榮獲第二十七屆
冰心兒童圖書獎

獎

中國人的故事
名醫和藥學家的
高明
張倩儀 主編
甄艷慈 著

中國人的故事
領袖和改革家的
視野
張倩儀 主編
張倩儀 著

中國人的故事
發明家和工程師的
努力
張倩儀 主編
宋詒瑞 著

中國人的故事
詩人和小說家的
才華
張倩儀 主編
郭玲今 著

中國人的故事
將軍和兵法家的
勇謀
張倩儀 主編
宋詒瑞 著

中國人的故事
現代科學家的
毅力
張倩儀 主編
張倩儀 著

系列特色

擴闊孩子視野

讓讀者了解中國六大範疇的發展與成就,六大範疇包括:政治、發明、科學、軍事、醫學、文學。

了解名人故事

講述古今中國共 56 位在不同範疇有非凡成就的佼佼者的故事,學習他們成功背後的秘訣。

學習提升自我

透過名人的故事,培養孩子的品德,學習精益求精、堅毅不屈的精神,幫助孩子步向成功。

內容程度適中

用字淺白,配以精美插圖,符合高小學生的閱讀能力,並能提升閱讀興趣。

中國歷史之旅（二版）

明朝風雲

作　　者：宋詒瑞
繪　　圖：野　人
責任編輯：趙慧雅
美術設計：蔡耀明
出　　版：新雅文化事業有限公司
　　　　　香港英皇道 499 號北角工業大廈 18 樓
　　　　　電話：(852) 2138 7998
　　　　　傳真：(852) 2597 4003
　　　　　網址：http://www.sunya.com.hk
　　　　　電郵：marketing@sunya.com.hk
發　　行：香港聯合書刊物流有限公司
　　　　　香港新界大埔汀麗路 36 號中華商務印刷大廈 3 字樓
　　　　　電話：(852) 2150 2100
　　　　　傳真：(852) 2407 3062
　　　　　電郵：info@suplogistics.com.hk
印　　刷：美雅印刷製本有限公司
　　　　　九龍觀塘榮業街 6 號海濱工業大廈 4 字樓 A 室
版　　次：二〇一八年三月二版
　　　　　二〇二〇年七月第二次印刷

ISBN: 978-962-08-6896-2